IP 创 新 赢 不 停

创意生活话专利
PATENTS IN CREATIVE LIFE

主　编 ◆ 郭　雯
副主编 ◆ 刘　彬

知识产权出版社
全国百佳图书出版单位
——北京——

图书在版编目（CIP）数据

创意生活话专利 / 郭雯主编 . —北京：知识产权出版社，2019.8
（IP 创新赢不停）
ISBN 978-7-5130-6446-0

Ⅰ . ①创… Ⅱ . ①郭… Ⅲ . ①专利—案例—中国 Ⅳ . ① D923.425

中国版本图书馆 CIP 数据核字（2019）第 201195 号

责任编辑：石陇辉　　　　　　　　　责任校对：谷　洋
封面设计：曹　来　　　　　　　　　责任印制：刘译文

创意生活话专利

主　编　郭　雯
副主编　刘　彬

出版发行：知识产权出版社有限责任公司	网　　址：http://www.ipph.cn
社　　址：北京市海淀区气象路 50 号院	邮　　编：100081
责编电话：010-82000860 转 8175	责编邮箱：shilonghui@cnipr.com
发行电话：010-82000860 转 8101/8102	发行传真：010-82000893/82005070/82000270
印　　刷：北京嘉恒彩色印刷有限责任公司	经　　销：各大网上书店、新华书店及相关专业书店
开　　本：720mm×1000mm　1/16	印　　张：11.5
版　　次：2019 年 8 月第 1 版	印　　次：2019 年 8 月第 1 次印刷
字　　数：230 千字	定　　价：49.00 元
ISBN 978-7-5130-6446-0	

出版权专有　侵权必究
如有印装质量问题，本社负责调换。

本书编委会

主　编：郭　雯
副主编：刘　彬
编　委：汪卫锋　刘以成　张珍丽　尹　杰
　　　　王子元　姬　翔　林婧弘　刘　鹤
　　　　连书勇　刘子菡　吴　峥

序

大力倡导创新文化，强化知识产权创造、保护、运用是党的十九大对知识产权工作提出的新要求，也是实现"两个一百年"奋斗目标和中华民族伟大复兴的中国梦的重要支撑。

作为宣传倡导积极健康的知识产权文化的践行者，国家知识产权局专利局专利审查协作北京中心（下称北京中心）创设的公众号"IP创新赢"始终秉承"分享IP技术，解读最IN科技"的理念，紧跟技术热点与社会时事，以幽默生动、图文并茂的方式传播知识产权知识。本次以"创意生活"为主题，将"IP创新赢"公众号一年来的优秀文章集合出版，是一件非常好的事情。

本书作者均为北京中心多年从事知识产权工作的审查员，他们将专业知识与当下社会生活热点结合，使用幽默生动、平实易懂的语言来解读饱含高科技的"创意"专利。在解读身边创意科技带来的生活变化的同时，作者们还对促进创意发明成果转化的问题进行了探讨，对专利的实施、转化等运作所蕴含的商业价值提出了自己的观点。

希望"IP创新赢"公众号继续发挥新媒体优势，推出更多好文章。

国家知识产权局专利局
专利审查协作北京中心主任

前　言

本书是"IP创新赢"公众号继2017年《IP创新怎样赢？》、2018年《趣谈专利——56个身边的奇妙专利故事》后，持续推出的第3本专利技术解读文章合集。

公众号"IP创新赢"于2016年8月9日创刊，是国家知识产权局专利局专利审查协作北京中心面向公众进行知识产权科普的窗口。三年来，"IP创新赢"一直秉承"分享IP技术，解读最IN科技"的理念，运用幽默生动的语言对社会热点中的最新科技进行解读，从专业的角度来分享创新智慧。自创刊以来，"IP创新赢"一直保持着每周两篇以上原创文章的发表频次，在众多媒体平台累计推送超过了两千万次，多篇文章引起了行业和和社会的广泛关注。

本书精选了过去一年社会反响较好的30篇文章，经过作者重新编写，进一步丰富了内容、更新了数据、强化了观点。文章作者均为具有多年专利审查经验的专家，他们的选题内容涉及文化体育、健康时尚、硬核科技等多个方面，30个专利故事为读者勾勒出我们身边的"创意生活"。

本书是"IP创新赢"公众号与知识产权出版社有限责任公司的第三次合作，感谢知识产权出版社有限责任公司长期以来的大力支持。与此同时，向所有长期关注公众号的读者、为公众号投稿的作者、转载和关注我们文章的媒体朋友们表示衷心的感谢。希望大家能够继续关注并支持我们，为我们多提宝贵意见。

本书编委会

目 录

第一章 时尚前沿

01	来自英国的"硬核科技"卷发棒	2
02	"深坑酒店"里的"深科技"	8
03	更省心的扫地机器人	14
04	跟随环保脚步,发扬鞋子新风尚	19
05	回头率爆棚的代步神器	25
06	分分钟给饮料降温的专利技术	29
07	磁力导入——护肤界的脑洞科技	33
08	华为水滴屏VS苹果刘海屏	39
09	拿奖拿到手软的智能电动轮椅	44
10	没有烧烤的世界杯是没有灵魂的——解密自动烧烤机	52
11	耳机插孔,真的很碍事吗?	56
12	从1982年的拉菲全面开讲葡萄酒知识	60
13	北京城市轨道交通列车车头设计之美	66

第二章　文体先锋

14	带你在羽球江湖起飞	72
15	详解改变世界杯历史的 VAR 技术	77
16	解密 APEC 国宴上的国韵黄珐琅彩瓷盘	84
17	抢镜法国球星的门线技术详解	87
18	最佳女性运动内衣竟和防弹衣原理相同？	92
19	足球场上的智能可穿戴装备	98
20	钢琴的专利解剖课	107

第三章　健康养生

21	失眠者的福音——Gravity 重力毯	116
22	揭开宫颈癌疫苗的面纱	121
23	谁才是药神？——格列卫的抗癌之路	128
24	养殖业的后抗生素时代	134
25	今天你冲牙了吗？	139

第四章　大国风采

26	专利解码"桥界珠峰"	150
27	国产大飞机刺破苍穹	158
28	AG600，翔于空，浮于海	162
29	"蓝鲸1号"助力开凿地球"能量块"	168
30	百年航母梦圆	173

第一章　时尚前沿

创意生活

话专利

01　来自英国的"硬核科技"卷发棒

> **小赢说**：
> 　　头发天生卷曲的女子羡慕直发女子那一头飘逸的秀发，头发天生顺直的女子羡慕卷发女子的发间风情——这大概就是爱美的仙女们对头发的迷思。只是爱美总要付出些代价，比如烫后的头发会变干、会毛躁。小赢时常发出"灵魂深处"的拷问，究竟有没有能够变美却不伤发的方法呢？

　　若问有什么美发产品是让小赢心心念念、辗转反侧、爱不释手的，那一定是发布后迅速引爆全球社交媒体，被称作革命性美发产品的戴森Airwrap卷发器。看着广告中轻盈的发丝柔顺地缠绕在卷发棒上，相信众多爱美的女生都在心中不禁感慨：英国设计师脑洞真大呀，这简直是要引发卷发革命的呀！毕竟，众多美神们最早认识的卷发产品是热烙铁啊。

　　待小赢问过"度娘"后赫然发现，英国和卷发革命渊源颇深，是卷发革命的发源地呐！1906年10月8日，英国一家美容院率先推出电热烫发器，该器材是由德国美发师卡尔·内斯勒设计的，体积庞大无比。烫发者必须头顶12个以上、每个重1斤多的黄铜烫发夹，端坐6小时，才能拥有美丽的卷发（见图1）。但仕女名媛们仍趋之若鹜，卷发革命从此兴起。1909年，内斯勒的烫发机在伦敦获得专利。

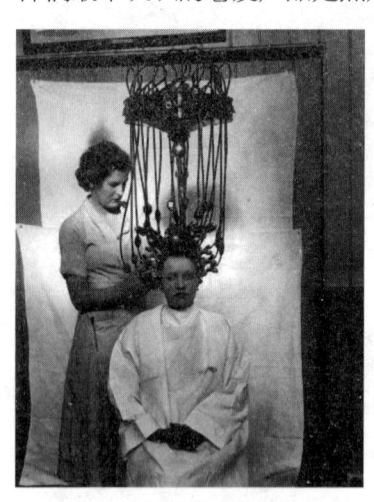

图1　早期烫发[①]

　　从笨重的烫发机，到现在发廊里轻便的烫发机，乃至方便爱美的女生日常打理头发使用的卷发类产品，都离不开改变发丝原有形状这个核心问题。发丝主要由死细胞组成，从外到内基本可以分为三层：角质层、皮质层和髓质层，其中以皮质层为主。而皮质层主要成分是角蛋白，这种蛋白含有的半胱氨酸残基特别多，再由多肽链之间通过过硫基交联而成。大约在1930年，洛克菲勒研究所的研究人员发现，这些过硫基可被硫化

---

① 图片来源：http://k.sina.com.cn/article_2090512390_7c9ab00602000lf39.html。

物或含巯基的分子在微碱性溶液中打断，该发现为今日流行的冷烫提供了方法。在冷烫时，先把头发用含有巯基乙酸根离子溶液浸湿，由于它的还原性，可把头发中的过硫基打断成两个巯基。失去交联作用的头发变得非常柔软。利用卷发工具把头发卷曲起来，在机械外力作用下，诱发多肽链之间发生移位。这时加入固定液，把已经弯曲的头发固定下来。所谓的固定液实际上是一种具有氧化性的溶液，如过氧化氢溶液，它的作用是把巯基又氧化成过硫基。由于头发多肽链之间又重新形成了许多过硫基的交联，因此它又恢复了原来的刚韧性，并形成持久的卷曲发型。[①]从烫发的原理可以看出，要想改变头发的形状，就要改变发丝内部链键的组织关系。因此，众多女生熟悉的卷发棒、直板夹等卷发类产品，都是利用120℃以上的高温，让发丝内的氢键重新产生记忆性，形成新的形状。

经过近百年的研发，美发工具在性能和安全性等方面都有了很大的提升，例如，众多美神们熟悉的卷发棒产品（见图2），通过温度调节，可以使棒体4发热，然后打开夹板6，将头发缠绕在棒体4上，保持数十秒之后，便可将头发卷曲。但是这些产品大多存在以下不足：功能单一，使用同一产品不能完成卷发与直发两种造型；操作时需要一只手扶住头发、另一只手控制工具，有时甚至需要两只手来控制工具，在操作上还停留在手动模式；由于加热面积过大，在操作时容易造成烫伤，安全性待提高。

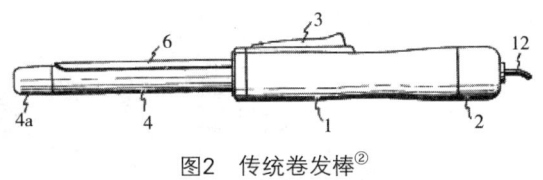

图2 传统卷发棒[②]

只是，有没有哪种卷发工具能让小赢做个优雅的仙女呢？带着这样的疑问，小赢找到了一款可以自动卷发的美发工具——Babyliss卷发器，它改变了以往需要手动卷发的操作过程，让头发"嗖"的一下就变卷了。到了2018年，Babyliss更是推出一款兼具卷发和直发功能的美发工具。在某电商平台的宣传图中，Babyliss大方地公布了其中一款产品的专利号：ZL201330121276.4。小赢查找到该专利后发现，该申请的发明人是英国伯明翰市的阿弗雷多·班尼提迪斯及他的伙伴们。

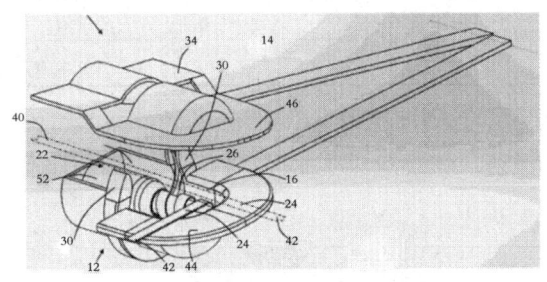

图3 GB2519010B说明书附图

---

① https://zhidao.baidu.com/question/7824406。
② 图片来源：GB1375768A 说明书附图1。

这款兼具卷发和直发功能的卷发棒（GB2519010B，见图3）设有卷曲和拉直两种工作模式。当要卷曲头发时，头发被引入造型器内，加热元件开始加热。在造型过程中，旋转装置按照预定的模式旋转固定的圈数，头发缠绕在旋转装置上，因为施加在头发上的压力非常小，持续的旋转不会拉扯头发，也不会抓紧头发，因此没有损伤头发的风险。造型完成后，头发即可呈现相应的弯度。当要拉直头发时，将头发引入造型器后，压力装置将头发缠绕在内置的旋转装置的周围，以固定头发的移走路径。造型过程中，内置的加热元件为头发提供最适宜的温度（190~230℃），避免头发因温度过高而受损。使用者控制施加在拉直面板上的力，头发经过拉直面板慢速移走，经过处理的头发即会变为直发。

Babyliss的美发工具兼具卷发和直发的功能，可是小赢割舍不下每次都给小赢带来惊喜的Kevin老师，对它也只能"长长草"而已，直到戴森发布了硬核科技卷发产品Airwrap（见图4）。只见拿起的一缕秀发靠近Airwrap，头发就会被吸附缠绕在卷发棒上而形成带有卷度的一缕卷发。鉴于小赢对戴森的了解还限于无绳吸尘器、吹风机等产品，实在好奇这脑洞大开的卷发棒究竟是什么技术原理。

图4 戴森Airwrap[①]

经过小赢的进一步查找，Airwrap卷发棒最重要的技术（GB2526049B）已于2015年先后在美国、英国、日本等多个国家申请了发明或实用新型专利，在英国、日本、澳大利亚已经获得了授权。其工作原理是康达效应，也叫附壁作用，即气流与它流过的物体表面之间存在摩擦时，只要曲率不大，气流就会顺着物体表面流动。由此，卷发棒内部马达高压喷出的气体会随着卷筒的表面流动，进而将头发绕在卷发棒上。如图5所示，Airwrap由呈管筒状的可供手握的手柄20和可拆卸的功能接头30组成，该功能接头30在手柄20的末端22处附接到空气入口40。手柄20还包括风扇单元70，该风扇单元70包括风扇和马达，该马达驱动风扇且在使用中抽吸流体穿过空气入口40、沿流动路径50延伸穿过手柄20。功能接头30包括空气出口100，以及朝向头部的第二端部36延伸且径向地围绕功能接头30的平

---

① 图片来源：http://www.sohu.com/a/259199778_754883。

行槽102。这个配置使空气能完全地绕功能接头30的大部分表面排出，从而使可接触到的头发区域最大化。

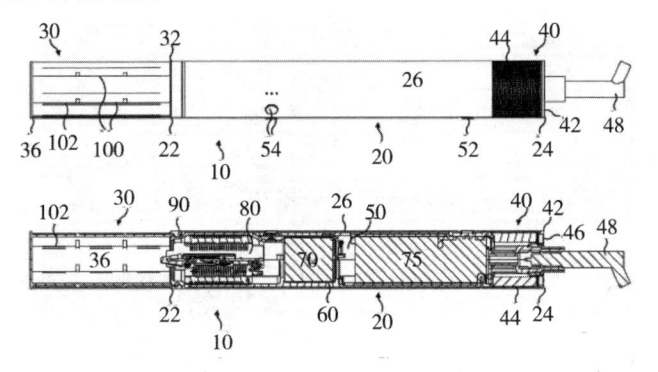

图5　GB2526049B说明书附图

Airwrap有6~8个不等的功能接头，可以完成卷发、抚平毛躁、蓬松刘海等功能。核心的卷发棒部件是一根空心的管体，表面上开有多个缝隙，出风口的多个平行槽102做成上下错落的重叠样式，热空气从开口进入，这样空气从缝隙中出来就会有一个偏向角度。空气被导向到壁管上，在壁管上形成康达效应，从缝隙中出来的气流122像是吸附在壁管上，每条缝隙中出来的气流都像是被壁管吸附，整体上就形成了围绕壁管的旋转气流（见图6）。当用一缕头发靠近这个旋转气流时，持续的旋转气流将头发一圈又一圈地卷在管体表面，热风加热，冷风定型后完成卷发。

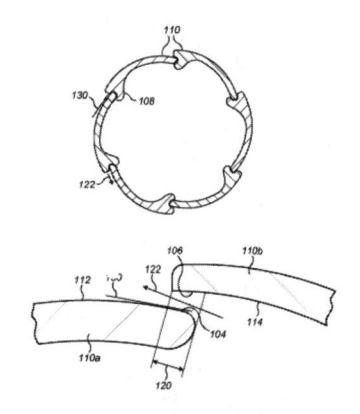

图6　GB2526049B说明书附图

Airwrap独特的设计，降低了使用时头发被缠绕的尴尬情形。手柄20底端的空气入口40包括多个孔，这些孔沿手柄20延伸。在使用过程中，沿三个维度延伸的入口具有特别的优势。首先，如果器具被放置在头发表面上后被开启，仅入口表面区域的一小部分将被堵塞或具有进入器具的被限制的空气流。这可以保护风扇单元，且特别地保护风扇单元的马达不在太低的流动速率下运行，防止马达过热而导致的损坏。其次，用户使用时，通常将头发造型器具与定型产品一起使用，比如摩丝、凝胶或喷雾。这些定型产品通常使用手涂抹至头发上或呈喷雾状喷在头发上。使用手涂抹定型产品时，一些产品会留在手部的皮肤上，在使用器具时这些产品被转移到器具上。这可能会导致手柄阻塞，或者是沿手柄延伸导致一些孔阻塞。然而，在手柄之下延伸的孔44和跨过手柄的端部壁42延伸的孔46将不受影响。当用户使用喷雾状定型产品时，它也可能落在器具使空气入口40的一些孔阻塞。因此，将孔以绕行沿且跨过手柄20延伸的

· 5 ·

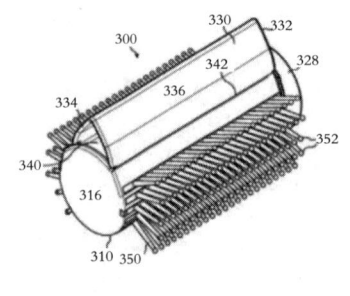

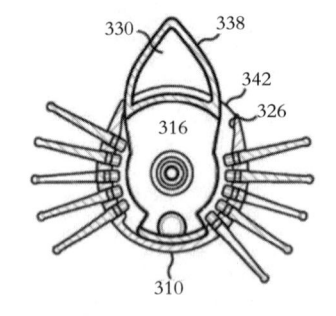

图7　GB2526049B说明书附图

方式排布，可以使空气入口40被堵塞的风险降低。

由于Airwrap使用较低温度和高速风量给头发定型，并不借助热量，还能自动控制温度。因此，无论烫发、拉直都不伤发。如果头发毛躁，Airwrap还包含一个可以抚平毛躁的接头。接头表面上有多个三角形以及多排鬃毛，其一起形成气体出口，外形呈发梳状（见图7）。当使用该接头对头发定型时，随着向下拉动的动作，鬃毛向下穿过头发，侧面的出槽口被打开，从出槽口排出的气体沿着头发吹动，可以使头发被干燥或定型。排出出槽口的气体被吸引到三角形部分的表面，鬃毛分离和解开头发的纠缠，出槽口和鬃毛的结合使用使得头发快速干燥并且更顺畅。

Airwrap于2018年10月10日官方发布，之后在世界范围内迅速燃爆。开售当天，美国戴森网站上的7件套很快断货。

戴森产品系列的成功，离不开期创始人詹姆斯·戴森对创新研发的持续投入。1983年，在经历了五千多个失败的原型机后，戴森终于研发出了他第一款明星级产品——双气旋真空吸尘器。正是凭借这款产品，戴森打进了日本、美国和欧洲市场，并在很短的时间内成为美国市场同类产品中的佼佼者。戴森所发明的双气旋系统，被看作是自1908年第一台真空吸尘器发明以来的首次重大科技突破，彻底解决了旧式真空吸尘器气孔容易堵塞的问题。其应用在无绳真空吸尘器上的马达，更是花了8年的研发时间。在制造Supersonic电吹风之前，戴森也不具备吹风机方面的专业知识，更别说是照明、电动汽车。戴森生产出了很多极具革命性的产品，关键技术也一直在进步[1]。戴森公司的利润近40%都被投入研发，超过三分一的员工是研发工程师。戴森官方称这款卷发器已经研发了6年，有103位工程师参与设计，研发费用高达2400万英镑，约合2.2亿人民币。为防止竞争对手模仿，戴森公司的专利总数已经超过10000件，有效专利也高达4000余件[2]。直发器接头到内部电机一共申请了几十个专利簇、两百多件专利申请，目前大多数已获得专利授权。卷发棒的接头也有十几个专利簇、百余件专利申请[3]。也许

---

[1] 穆清.美发产品这么多，为什么只有戴森卷发棒能刷屏？首席商业评论（ID：CHReview），2018-10-16.

[2] 北京高沃知识产权.戴森的启示：专利布局值得学习，研发路上一路狂奔更不可缺！http://www.souhu.com/a/318277992_361113，2019-06-03.

[3] 佑斌.戴森网红卷发棒的专利可以绕过去吗？智产通，2018-10-15.

正是坚持发明创新的本心，让戴森系列产品总是能以一种富有创意的方式直击消费者的痛点，并在世界范围内获得了消费者的认可。

英国是第一次工业革命的发源地，也是最早的卷发革命发源地。伴随着其层出不穷、深受世界各地用户喜爱的美发产品的面世，英国设计不仅用时尚美学引领创新的趋势，更是以其对创新的追求和不断进行技术突破积累形成的智慧成果再次征服消费者。戴森系列产品的成功，再次向世人证明创新对企业发展的重要性，以及专利制度激励创新的源动力作用。小赢不由感慨，罗马不是一日建成的呀。也希望以后有更多的中国造产品让我们的生活更加美好。

本文作者：
国家知识产权局专利局
专利审查协作北京中心电学部
刘可

02 "深坑酒店"里的"深科技"

小赢说：

2018年11月，"深坑酒店"在朋友圈刷屏了。这座建造在巨大废石坑里的五星级酒店引起了万众瞩目：历时12年，狂砸20亿元，海拔 −80m，被评为"世界十大建筑奇迹"。面对五大前所未有的技术难题，"深坑酒店"背后又有哪些"深科技"呢？小赢带你去一探究竟。

图1 "深坑酒店"全貌[①]

上海佘山世茂洲际酒店，是全球人工海拔最低的超五星级深坑酒店；它与迪拜帆船酒店相媲美，被评为"世界十大建筑奇迹"；它被选入美国国家地理频道的《世界伟大工程巡礼》，央视纪录片《中国建设者》曾对它进行报道；在酒店的建造过程中，工程团队拿下了专利38件，解决了5项首创难题。

看到这里，各位读者是不是已经很好奇这是怎样的一座建筑了呢？小赢先带大家欣赏一下这令世界为之惊叹的建筑奇迹：酒店下探地表88m，客房总数336间，地平线上2层，地平线下16层；客房中能看到瀑布、花园和崖壁（见图1）。

你们想象得到吗？这绿意盎然、风景独特的深坑酒店，曾经是个深80m、约5个足球场大小，难以填平的废弃采石坑！从废弃石坑到五星级酒店，这是怎样的华丽转变？设计团队和建设团队如何在大自然的"伤疤上"绣上了"花"？

自2006年立项以来，光是方案论证就花了7年，施工时间更是超过了10年。这80m深坑中的疯狂设想，自上而下的反向施工，面临着一系列建筑领域前所未有的难题：

- 原生态坑壁如何加固与覆绿？
- 大量的施工人员和施工材料如何从地面运输至地下80m？
- 混凝土如何向下输送至地下80m进行浇筑？

---

① 图片来源：中国建筑第八工程局有限公司官方网站 8bur.cscec.com。

- 深坑里积水了怎么办？
- 深坑里发生火灾了如何逃生？
- 深坑里通风条件不好如何解决？

……

在建造之前，曾有专家断言：深坑里无法建酒店。然而，正是这些前所未有的难题，成就了建筑史上的奇迹。

下面，小赢就带你们一一盘点解决这些难题到底都使用了那些"深科技"，以及这些"深科技"背后的专利秘密。

原生态坑壁的加固与覆绿问题

"深坑酒店"所在的采石坑边坡周长约1km，面积约为36800m^2，崖壁坡角约80°。因酒店沿崖壁边坡而建，因此，确保边坡稳定是工程建设和运营的基本保证。

如何对崖壁边坡进行加固？现有的边坡结构施工，一般采用边挖边锚的施工方法，但这种方法无法满足边坡–地基基础–建筑结构全面共同作用时对边坡的变形控制及稳定性的较高要求。工程师们想到了采用微差爆破方法进行削坡操作，降低爆破震动危害效应，从矿坑的顶部至底部对坡面进行分层削坡，形成台阶式边坡，对台阶式边坡结构进行面层喷浆封闭，然后搭建脚手架操作平台，再从底至顶分层对边坡进行加固，加固操作采用锚固件以及浇筑混凝土形成网格梁，最后再进行一次面层喷浆封闭（参见ZL201410223184.8）。

边坡加固后，接着利用网格梁支设塑石骨架，塑石骨架适应山体形状变化，与原有的生态状况相似。在塑石骨架上覆土并配置植物（参见ZL201610394016.4，见图2），绿意盎然、安全稳定的生态边坡就展现在我们的面前，真正体现了与自然和谐共生的设计理念！

图2 绿化边坡[①]

工程师们还别出心裁地保留了崖壁上的鸽子洞，并在此基础上制造了80m落差的人造瀑布（见图3）。从酒店客房向外眺望，不但能够欣赏到"飞流直下三千尺"的美景，还能经常看见成群的白鸽翱翔归巢，何等悠闲自在！仿佛置身世外桃源！

[①] 图2、图5来自中国建筑第八工程局有限公司官方微信公众号。

图3 崖壁瀑布①

施工人员和施工原材料向地下80m输送问题

大多数工程要解决的是如何将人员和材料向上运输的问题，而建造深坑酒店，则需要解决如何将人员和材料向下输送到近80m的坑底的问题。

人员物资的输送，一般工程都采用在规则的建筑结构外侧设置升降机，升降机通过附墙装置连接至规则的建筑结构主体。而在倾斜的崖壁，升降机的附墙装置由于附墙长度有限无法附着于具有异形断面的崖壁。工程师们想到了解决方案，首先在崖壁侧面为升降机建造稳固的附着基础，该附着基础使用上下四道拉杆与崖壁相连，同时锚固于坑底地面的基础结构上。形成稳固的附着基础后，在附

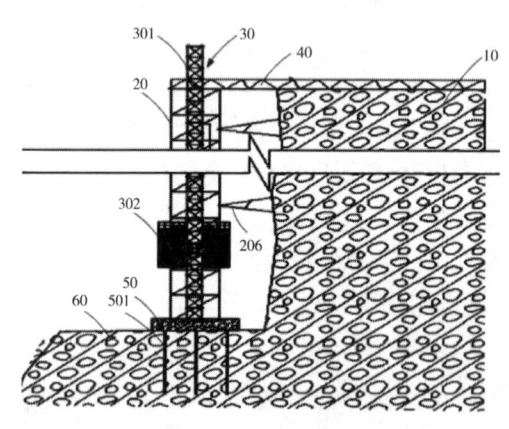

图4 ZL201410399694.0说明书附图

着基础的两侧分别支撑连接升降机塔柱，塔柱同时也与地面的基础结构锚固连接，在塔柱上设置上下运动的升降机，附着基础的两侧均设置塔柱和升降机，以确保受力均衡（参见ZL201410399694.0，见图4），从而很大程度解决了深坑施工人员和材料输送的问题。

现有施工技术中，对于塔吊的安装，通常采用单独打4根灌注桩作为塔吊承台，将塔吊安装在塔吊承台上再进行吊装作业。在塔吊作业完成后，再将单独设置的塔吊承台进行拆除。而在深坑酒店施工中，工程师们创造性地使用坑内的支撑梁作为塔吊的安装基础，在支撑梁上安装塔吊进行吊装作业（参见ZL201510821116.6），避免了单独建造塔吊承台，节约了成本和工期，更是创造了国内临空崖壁安装塔吊的历史。

---

① 图片来源：央视纪录片《中国建设者》。

此外，施工团队还设计了结构简单、机动灵活、材料可重复利用、现场安拆简易、利用时间长、符合施工管理标准化要求的人员上下基坑用临时通道（参见ZL201420547155.2），解决了深坑施工周期长，施工人员多，上下不便的问题。在施工结束后，这临时通道被改造成了游客步道，成为酒店的最佳观景点之一（见图5）。

图5　游客步道

混凝土向地下80m的输送浇筑问题

深坑酒店总建筑面积为61087m²，需要7万多立方米混凝土。受施工场地的限制，无法在基坑内部搅拌混凝土。现有技术中通常采用竖向管道向深坑区域输送混凝土，但是当竖向管道的高度过大时，混凝土在下落的过程中速度过大会对管道造成剧烈的冲击，同时竖向管道底部的混凝土接收设备也会承受巨大的冲击。此外，在高速下落的过程中会混凝土会产生离析的现象，对混凝土的质量造成巨大影响。因此，混凝土向下超深输送是施工过程中遇到的重大难题之一，如果光靠塔吊输送，差不多需要长达10年的时间，而主体建筑工期却只有3年时间。如何解决？

工程师们创造性地设计了"三级泵送"的输送方式：在崖壁的顶部设置的第一泵送机向下泵送混凝土，将混凝土经过缓冲装置输送至位于崖壁的中部第二泵送机；通过第二泵送机将混凝土向下输送至施工区域（参见ZL201610787064.X、ZL201510272509.6，见图6）。该三级接力泵送方法中，采用的固定泵管的固定装置、泵管施工方法、缓冲装置、缓冲料斗等多项专利技术（参见ZL201610792573.1、ZL 201610788209.8、ZL201610788267.0、ZL 201610787089.X）为混凝土的超深向下输送提供了有力保障。

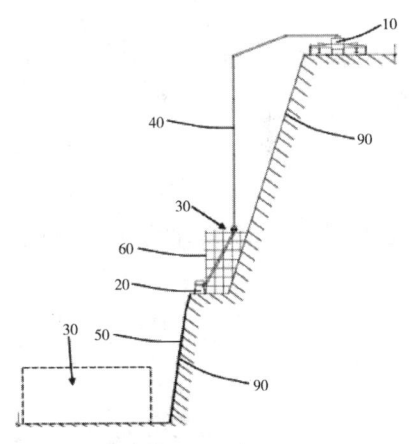

图6　ZL201510272509.6说明书附图

然而，由于场地和坑壁条件的限制，在上述三级泵送装置之外，无法再有合适的位置放置另外一套三级泵送装置。工程师们又进一步开发了"一溜到底"的输送方式：通过在输送管间隔串联有多个缓冲器，每个缓冲器壳体内部设置有加强轴以及螺旋叶片，螺旋叶片螺旋地环绕于加强轴，螺旋叶片的内侧边缘连接于加强轴的侧面，外侧边缘连接于缓冲器的壳体内表面，螺旋叶片将缓冲器内部的空间隔离成螺旋缓冲通道。缓冲器的设置可以增加混凝土在输送管内部下降时的阻力，从而减小混凝土在输送管内部下降的速度，减小混凝土对输送管以及输送管底部混凝土泵的冲击。并且螺旋通道还可以对混凝土起到搅拌的作用，避免混凝土在下降过程中产生离析现象。这种输送方式能够将混凝土"一溜到底"（参见ZL 201510270859.9、ZL201520344401.9，见图7），实现快速输送的同时，保证了装置的安全和混凝土的工作性能良好。"一溜到底"技术中采用的输送管、缓冲管以及输送管底端缓冲装置参见ZL201520343201.1、ZL201520344402.3和ZL201520343202.6。

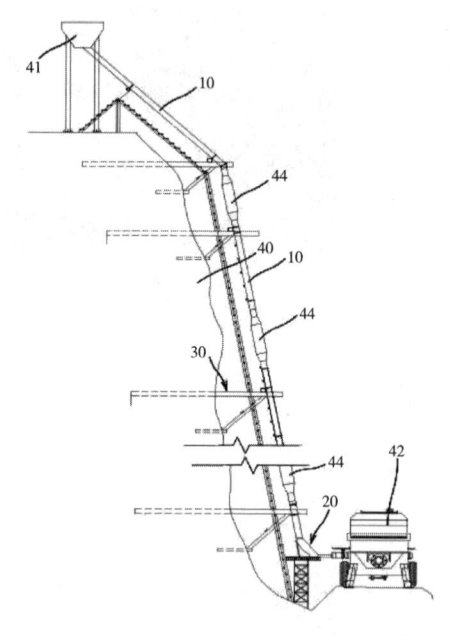

图7　ZL 201510270859.9说明书附图

正是这"三级泵送"和"一溜到底"的输送方法实现了将混凝土保质保量地向下80m超深输送，使工程得以顺利进行。

深坑里的积水问题

俗话说，水往低处流，更何况南方雨水充沛，在这个百米深坑如何解决积水是个大问题。不用担心，工程师们通过对上海历史水文资料的研究，给深坑酒店安装了足够运力的抽水泵，以确保酒店湖中水位在安全区间内。

深坑里的消防安全问题

一旦发生火灾，消防车进不了坑内，该怎么办呢？不要害怕，工程师们将酒店每一个阳台均与逃生通道相连，万一发生火灾，保证住户以最快的速度撤离。所采用的逃生通道在ZL201511029725.4中进行了公开（见图8）：通过在崖壁山体上设置钢锚梁结构，再在钢锚梁结构的顶部水

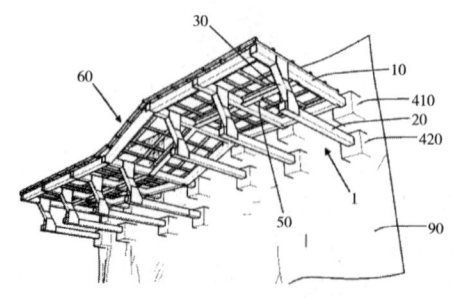

图8　ZL201511029725.4说明书附图

平钢锚梁之间连接连系钢梁，然后在顶部水平钢锚梁及连系钢梁的顶部安装踏步结构，最后在踏步结构上铺设逃生通道的面层板，完成崖壁逃生通道的施工。施工过程中无需使用大型施工机具、钢锚梁等构件批量化生产，根据安装需求调配构件运输，既减少构件多次搬运导致成品损坏，又解决施工作业堆放场地小的问题。制作钢锚梁所用材料为型钢，便于制作，材料可回收利用，最大限度节约成本。真正是兼顾安全、节能、环保！

深坑里的通风问题

深坑酒店依附于崖壁而建，建筑与崖壁之间的空腔不具备通风条件，湿度大易滋生细菌，怎么办？ZL201720862022.8公开了通过采用混合通风技术（见图9）：一方面在空腔的底部两侧及顶部设置通风口，利用热压作用形成自然对流通风；另一方面在空腔顶部通风口处设置送风机，以在无法形成热压作用时，通过开启送风机进行机械对流通风，解决了现有深坑建筑的崖壁空腔不具备通风条件、存在空气流通差的技术问题，实现改善空腔内空气品质，避免空腔内空气品质恶劣影响建筑使用及内部人员健康之目的。

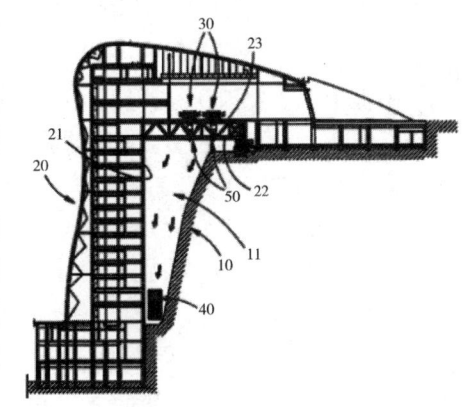

图9　ZL201720862022.8说明书附图

怎么样？了解完"深坑酒店"这些"深科技"背后的专利秘密，是不是对优秀的建筑工程师们的创新能力佩服得五体投地呢？正是工程师们的一项项创新，解决了一个个技术难题，实现了设计师在废石坑中的伟大设想，弥合了大自然的伤痕，让这难以填平的巨大废石坑重新焕发出了绿色生机，真正体现了与自然和谐共生！

居住在如此富有创意的深坑酒店里，是怎样一种感受？你们是不是已经迫不及待想去体验一番了？

本文作者：
国家知识产权局专利局
专利审查协作北京中心化学部
张颖

03　更省心的扫地机器人

> **小赢说**：
> 　　有没有因为讨厌清理尘盒而闲置扫地机器人？有没有遇到打算远程使用扫地机器人却收到"尘盒已满，请清理后重新启动"的尴尬？即使机器人扫地不费体力，有没有仍然只是想清洁 10m² 见方的活动区域？小赢自豪地告诉你，上述问题 iRobot Roomba i7+ 都可以轻松解决，让人用得更省心！

　　小赢曾在《IP创新怎样赢？》一书的"智能时代不用再舞动笤帚了——扫地机器人详解"中盘点过多款扫地机器人，也许有人在阅读之后立刻下单为家中添置了新品。正如文中提到的，扫地机器人像"小奴隶"一样，解放了主人扫地、擦地之苦。虽说科技改变了生活，但使用之后主人却还有几种说不出的苦：清理集尘盒、远程启动却被回复"尘盒已满"，以及只有采用手工"围城"的方式才能实现小范围清扫。

　　当然，对于前两种苦，总有人首先抱怨主要原因在于"小奴隶"的"肚量"太小，但小赢不得不帮它解释一下：为了能应对屋内的复杂"地形"，必须把它设计为圆形小矮人。因此，也就限定了它的"肚量"只能是 0.4~0.6L。小小的个头还直接决定了它的耐力短（续航时间）、能力小（清扫面积）。所以，早期的"小奴隶"们，即使能感知到"地面很脏，还有地方未清扫完"，也只能无奈地停止工作。

　　虽然目前耐力和能力的问题已经解决：提前判断电池水平、及时自动回到指定位置充电，但清理尘盒却依旧让人烦恼。在小赢家，每次遇到这个难题，小赢都尽力屏住呼吸、迅速倒空集尘盒、系紧垃圾袋以免扬尘，动作一气呵成。但偶尔一次失误，还换来了惨痛的教训：小赢清理完集尘盒，但忘记把它放回原位；而小赢用的是早期产品，还没有检测集尘盒是否归位的功能。再次使用时，脏东西直接卷入了机器内部，电机烧毁，机器报废！那感觉就像小赢多年前用电饭锅做饭，没放内胆就往锅中倒米的经历一样难忘。

　　现在，这款 iRobot Roomba i7+ 出现了，困扰小赢的难题终于可以解决了！该产品由美国 iRobot 公司于 2018 年 9 月 6 日开始发售，目前是 Roomba 机器人吸尘器系列中最别致、最令人赞叹和最昂贵的产品（见图1）。

咋一看，iRobot Roomba i7+与普通扫地机器人的区别就在于它拥有一个更大的基座（Clean Base），事实上，秘密就藏在这个基座里。这个基座不仅可以充电，而且暗藏了一个大垃圾箱和真空系统，也就是说，它是一个带有内部吸尘器的基座。通过下面的一个特殊端口，基座可以连通i7+的集尘盒，利用基座内的吸力装置，将集尘盒中的垃圾转移进该基座内部的大垃圾箱中（见图2），基座中的垃圾箱足以装下30满盒（i7+的集尘盒）左右的垃圾。如果你的房间每天能产生一盒垃圾的话，有了这个基座以后，原来每天要进行的清理的集尘盒的工作，可以变为一个月更换一次垃圾袋！（见图3）

图1　iRobot Roomba i7+[①]

图2　iRobot Roomba i7+垃圾转移示意 　　图3　iRobot Roomba i7+垃圾袋更换示意[②]

这么好的产品，一定是最近才研发出来的吧？事实上，iRobot公司作为扫地机器人界的"苹果公司"，一直有很好的技术储备和技术保护意识。截至2019年5月，该公司在全球有2100多件专利申请，涉及扫地机器人的整体结构、障碍物避让、路径规划、远程控制、三段式清扫等多个方面（见图4）。

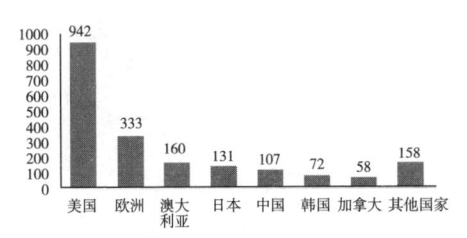

图4　iRobot公司全球专利申请分布（单位：件）

美国 942　欧洲 333　澳大利亚 160　日本 131　中国 107　韩国 72　加拿大 58　其他国家 158

具体到iRobot Roomba i7+，虽然2018年9月才正式公布该款产品，但是其延续了iRobot公司一直以来专利先行的风格：早在2014年12月10日iRobot公司

---

① 图1和图2来源：http://www.irobot.cn/roomba/i7plus。
② 图3和图7来源：http://www.techweb.com.cn/ihomeappliances/2019-02-22/2724962.shtml。

在美国提出了专利申请、并于2017年10月17日获得授权（US9788698B2）。该专利保护了一种机器人地板清洁系统（见图5），包括机器人100和排空站200（Evacuation station）。该专利详细记载了，当扫地机器人100因为各种原因回到排空站200时，排空站200就会立刻排查以下问题：是不是没电了，或者是不是集尘盒满了。经判断确认属于集尘盒已满，则立刻通过排空站200内部的排空真空件212把扫地机器人100集尘盒内的垃圾吸入碎屑罐204′中，然后扫地机器人就"满血复活"继续工作。

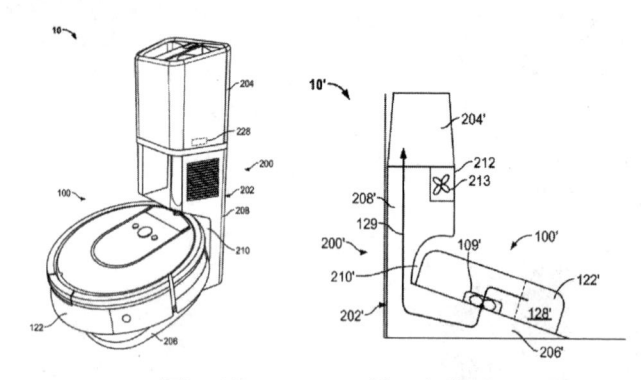

图5　US9788698B2说明书附图

随后，iRobot公司于2014年12月24日在美国又提交了关于排空站（Evacuation station）的专利申请、并于2018年4月3日获得授权（US9931007B2）。该专利对排空站的结构进行了更全面的保护，指出排空站100包括基座120和斜坡130，罐110可移除地附接在基座120上；也指出排空站100中可以使用过滤袋1050或者可反复使用的收集箱1120（见图6）。

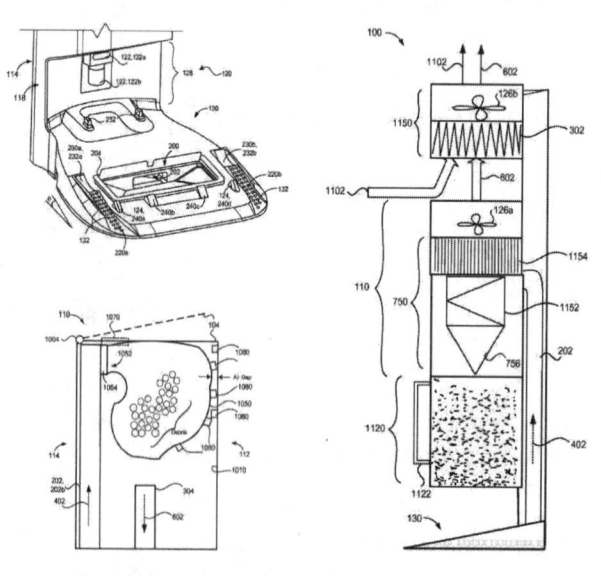

图6　US9931007B2说明书附图

当然，i7+能入选2018年《时代》杂志50大发明新品之一，靠除了依靠"基座"这个硬实力以外，还有软实力。该产品的介绍也提到凭借Imprint™智能规划技术，扫地机器人可智能学习、自我调整及全屋自由规划——实现定时定区清扫。也就是说，机器人可以记住你家的平面布局（见图7），绘制的地图可以通过手机APP显示，并可以按照房间切分。你可以通过手机APP对i7+下达指令：去把小卧室打扫一遍！

图7 房间划分图

现实中，地图的保存和对房间的切割能够提高清洁效率。iRobot的研发人员在一篇文章中提到"传统的系统化清洁总共需要2.32小时，其中0.52小时用于路径跟随，1.8小时用于清洁。而逐室清洁仅需要1.9小时，其中0.3小时用于路径跟随，1.6小时用于清洁。总体而言，总执行时间减少到82%，路径跟随用时减少到63%"[①]。

事实上，上述技术也是有专利支持的。iRobot公司于2015年4月9日在美国提交了关于可以限定机器人在一定区域内运动的专利申请，并于2018年1月6日获得授权（US9868211B2）。该专利采用占用网格的方式标记机器人的工作环境（见图8），占用网格可以是10cm×10cm或者更小的单元网格，通过机器人自带的传感器系统在清洁操作之前或期间对其占用情况进行填充记录，并存储下来用于随后的清洁操作中；并且可以基于占用网格技术，例如，可以通过移动终端设置虚拟屏障516的位置，从而将机器人200的运动限制在环境中的特定区域。

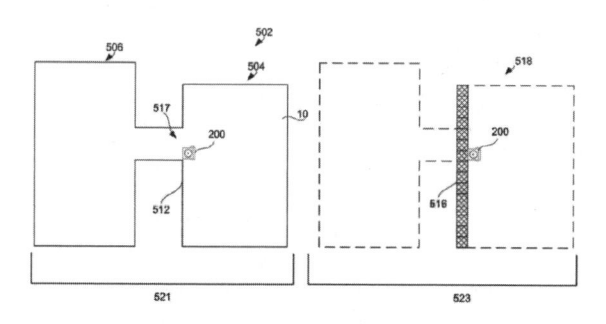

图8 US9868211B2说明书附图

其实，这项功能还有更为深远意义：这可能是扫地机器人越来越智能的开始！试想一下，如果进一步将拾取垃圾的速率与房间地图相结合，那么下一代的

---

① https://spectrum.ieee.org/automaton/robotics/home-robots/how-irobots-roomba-will-roomify-your-home.

扫地机器人将会知道家里哪些地方是容易脏的——门口、饭桌旁、厨房需要每天打扫，而沙发底下几天打扫一次就可以了。

正如iRobot首席执行官Colin Angle在新闻发布会上所说的："这款机器人实现了我们在20年前开始构建吸尘器机器人时的最初愿景。"

当然，用科技产品解决懒人的问题也需要付出不菲的代价。带基座的Roomba i7+售价949美元（约人民币6480元），基座单独售价299美元，基座所使用的一次性集尘袋（每套三个）15美元（约人民币100元）。

这时一定会有人问小赢：价格是你不买i7+的理由吗？当然不是，哪怕是iRobot自己的团队在采访时也说，i7+更适合大房子！对于房子面积较小的人来说，买Roomba e5这款产品所带来的清洁效果是一样的。但是e5只要450美元（没有基座）。所以，小赢不买i7+的真正理由是：目前还没有大房子！

本文作者：
国家知识产权局专利局
专利审查协作北京中心新型部
罗玮

04　跟随环保脚步，发扬鞋子新风尚

> **小赢说：**
> 　　鞋是人类保护脚部不受伤的一种足服。俗话说，"鞋舒不舒服只有脚知道""看人先看鞋"。可见，鞋子的舒服和美观是人们所密切关注的。然而，鞋子与环境的关系你思考过吗？帮助保护环境，让世界变得更美好，一双小小的鞋子是如何做到的？

　　相信你每天出门前，都不会忘记一样东西——一双舒适、漂亮的鞋子！鞋是每个人的生活必需品，它不光用来保护我们的脚，也被注入了更多的时尚气息。

　　每个人都会有很多双鞋子，拖鞋、运动鞋、皮鞋……更有人喜爱收集，家中有成千上万双鞋子。鞋子陪伴我们行走，也随着时光的穿梭慢慢地破旧。当鞋子破了、旧了、被丢弃了，它的一生也就结束了。

　　小赢发现，鞋子的制备原料大多是石油基产品，在开发和消耗石化能源的过程中产生大量不可再生碳排放，带来温室效应，引起全球气候变暖，且材料不易腐蚀，难以降解。据统计，全球每年生产大约250亿双鞋，意味着世界上每个人每年都购买3双鞋子，大约3亿双鞋被丢弃，这造成了一个很大的环境问题。

帮助保护环境的鞋子

　　新西兰初创运动鞋品牌Allbirds推出了一款限量版人字拖Sugar Zeffer（见图1），它被《时代》周刊评为"帮助保护环境的鞋子"，入选2018年度最佳发明。

　　只看外观，这明明就是一双普通的人字拖嘛，与市场上其他拖鞋看不出什么不同。但是，这款设计风格简约的人字拖来头不小哦！

图1　Sugar Zeffer产品图片[①]

---

① 图片来源：news.yxad.com。

Allbirds创始人之一蒂姆·布朗（Tim Brown），曾是新西兰足球国家队成员，参加过2010年南非世界杯。他与再生材料科学家乔伊·茨维林格（Joey Zwillinger）携手创建了Allbirds。

Allbirds推出的首款羊毛运动鞋（见图2）被《时代》周刊评为"世界上最舒服的鞋子"。新西兰总理杰辛达·阿德恩（Jacinda Ardern）曾拿它当礼物送给澳大利亚总理马尔科姆·特恩布尔及夫人。

2018年，Allbirds发布了两种开创性的新材料以及由它们制作的鞋品。首先是"桉树纤维"跑鞋和休闲鞋（图3），随后是这款绿色负碳拖鞋Sugar Zeffer。

图2　羊毛运动鞋及其原料示意[①]　　　图3　桉树纤维跑鞋及其原料示意

"我们的目标是不断发掘新材料，通过革新技术设计出世界上最可持续、最可环保的鞋子。"创始人布朗说。Allbirds的环保理念吸引了奥斯卡影帝和环保主义者莱昂纳多·迪卡普里奥（Leonardo DiCaprio）的投资。"这些新材料将成为制鞋业的榜样，这种创新对于创造一个更可持续的未来至关重要。"这位联合国的和平大使说。

一款小小的鞋子，是如何做到"帮助保护环境"的呢？小赢带你揭开它的神秘面纱。

简约的风格，舒适的体验，让你一脚就能爱上它

图4　Sugar Zeffer宣传图片

Sugar Zeffer拖鞋设计风格简约，选用的四种颜色灵感来自大自然和新西兰本土的鸟类。它的鞋底采用了蓬松又轻盈的发泡塑料，当你踩进去的时候能感觉到软软的鞋底包裹住你的脚底。它能够适应脚部轮廓，带来超乎想象及其欲罢不能的弹跃与舒适感。拖鞋人字带为填充有泡沫的麂皮绒，舒服地夹在你的脚趾之间。从穿着体验而言，它毫无疑问是一款舒服的鞋子（见图4）。

---

① 图2~图4来自 www.allbirds.cn。

满足你的时尚需求，不忘它的环保使命

不仅方便舒适，Sugar Zeffer拖鞋在设计和材料的选用方面，也体现出了低碳、环保、可持续的深意。

Sugar Zeffer拖鞋系带可拆卸，并且可以单独更换。这就可以使人们根据鞋类风格的改变，选择更多款式的带子进行更换，跟上不断变化的鞋类风格。此外，如果系带或者鞋底被损坏，也可以单独进行更改，而不需要将整双鞋子丢弃，从而减少垃圾的产生和对环境的污染。对于这样的创新性设计，Allbirds积极申请了专利保护（US20180295929A1），详细描述了可拆卸鞋面的鞋子和将带子固定在鞋底上的方法（见图5）。

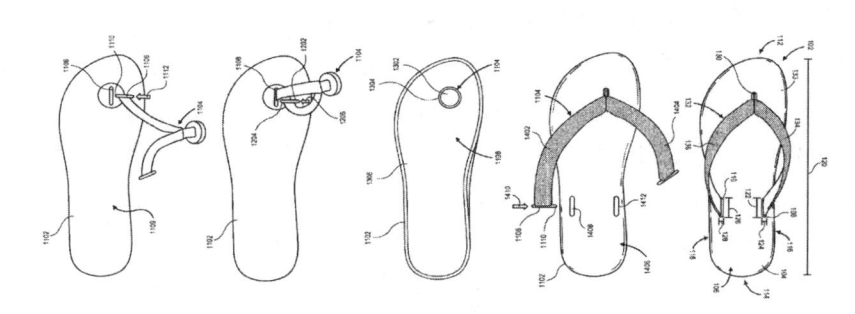

图5　US20180295929A1说明书附图

鞋子的材料绿色环保

甘蔗做的鞋底

Sugar Zeffer拖鞋使用了生物基EVA代替了传统使用的石油基EVA作为鞋底材料。这种被Allbirds称为SweetForm™的材料是由可再生材料甘蔗作为原料制备的树脂，因而Sugar Zeffer也被称作"甘蔗拖鞋"（见图6）。

没错，就是那种带给无数人甜蜜记忆的"甘蔗"！资深吃货已经感受到了浓浓的

图6　Sugar Zeffer拖鞋及其原料示意[①]

---

① 图6、图8、图9来自 www.allbirds.co.nz。

诱惑。小赢温馨提示：材料生产过程中甘蔗的结构和性质已经发生改变，已经不再是甜甜的了。

Allbirds声称SweetForm™是联合巴西公司Braskem共同开发的，是世界上第一款减碳EVA材料，随后会在所有产品中采用该材料。小赢检索发现，巴西是世界上最大的甘蔗种植国，也是世界上最早和最大的甘蔗乙醇生产和使用国。位于巴西的Braskem（见图7）是全球首个以甘蔗为原料的生物基化学品的商业化生产者。Braskem的专利技术（US9181143B2）中记载了从天然碳水化合物发酵获得乙醇，特别是源自甘蔗发酵的乙醇，脱水制备烯烃，进一步用于制备聚合物和单体。例如，EVA可以从乙烯，氧气和乙酸的反应获得。甘蔗被用来制造生物基EVA树脂后，剩下的残余部分则分别被用来给作坊发电、给甘蔗田充当有机肥料，最大程度减少对环境的污染。

图7 Braskem生产生物质EVA的工厂①

生物质EVA树脂通过在生产过程中捕获和储存CO_2来帮助减少空气中的温室气体，是一种负碳材料，而且技术性能与用石化资源制成的树脂相同。该材料可用于鞋类、汽车、交通等多个领域。Braskem也曾经申请专利（WO 2014/053037A1）介绍了用于制造鞋类的非膨胀弹性体组合物，包含乙烯-乙酸乙烯酯和由乙烯和烯烃的共聚物组成的聚烯烃弹性体的共聚物，具有更高的柔韧性，适合的硬度和高度耐磨性，使鞋类具有更高的性能。

可持续再生的系带

Sugar Zeffer拖鞋的人字系带（见图8）采用回收PET瓶制备的再生聚酯纤维和甘蔗源的超柔软生物麂皮制成外部皮带，内部填充了舒适的蓖麻油基泡沫（见图9），生物尼龙锚状物将各部分锚固在一起。再生聚酯纤维使PET瓶返回其原料而得以循环使用，避免了在地球生态圈中积累，减少了碳的排放。生物麂皮和蓖麻油泡沫、生物尼龙也都采用可持续再生的资源，减少了碳的排放。

图8 Sugar Zeffer拖鞋的人字系带

鞋子的包装循环利用

包装采用90%回收纸板（见图10）制成的纸盒，循环利用。

图9 系带的原料——回收PET瓶和蓖麻油

① 图片来源：www.brasken.com.br。

如何拥有它？

Sugar Zeffer系列35美元一双，推出后市场反响强烈，在上市当天就有热门颜色在品牌网站脱销。Allbirds最初采用线上销售，在美国和新西兰之外开拓澳大利亚、加拿大、英国、亚洲等市场，陆续在美国旧金山、纽约、波士顿、芝加哥、中国上海、北京开设实体店，并

图10　包装原料——回收纸板

已在中国同步开启天猫旗舰店及品牌官网。不过由于限量销售，Sugar Zeffer基本已脱销。

不止是拖鞋，你还可以有更多的选择

Allbirds团队认为，甘蔗的创新用途旨在对时尚界产生积极影响，他们正在把一些积极的东西放在地球上，而不是仅仅从中获取。近年来，由绿色、可持续材料制造的鞋类开始获得越来越多的关注和重视，而且更多的公司选择加入。

美国运动品牌锐步（Reebok）曾推出了"棉花+玉米"可持续产品计划，旨在用更环保的天然材料生产运动产品。计划中的首款运动鞋（见图11）的鞋面和鞋底分别采用100%纯棉和玉米制成，鞋垫则来源于蓖麻子油，并采用了100%可回收的包装。

德国运动服装巨头阿迪达斯（Adidas）已经成功卖出了10万双由海洋周边废弃塑料垃圾为原料的3D打印跑鞋（见图12）。每双鞋都实现了11个塑料瓶的重新利用，鞋带、鞋垫、鞋跟、鞋舌等部分也都是由回收而来的废弃塑料加工制成。

图11　锐步环保运动鞋[1]

图12　阿迪达斯3D打印跑鞋[2]

---

[1] 图片来源：www.reebok.com。
[2] 图片来源：www.mw35.com。

此外，耐克、彪马、李宁等运动品牌也推出了由回收材料制成的球鞋产品。这些鞋子采用可再生材料、可回收材料或回收过的材料制成，穿上这样的鞋子，脚感舒适，心情愉悦，减少了温室气体的排放量，有助于保护环境。

科技和时尚带动了全球鞋类产业的革新，环保的材料和技术也已经运用到更多的领域，有助于环境的保护和可持续发展。这是我们共同的环境，每个人都加入进来保护环境，让世界变得更加美好。

本文作者：
国家知识产权局专利局
专利审查协作北京中心化学部
刘丽君

05　回头率爆棚的代步神器

> **小赢说：**
> 对于在大城市打拼的年轻人来说，通勤要花掉很大一部分精力，所以有人说，"世界上最遥远的距离不是你家到公司，而是下了地铁后还有一公里"。今天，小赢就给大家介绍几款代步神器，完美解决公交、地铁不到的困扰。轻便短途出行，远离堵车烦恼。

在现代城市快节奏的生活背景之下，人们想尽各种办法提升出行效率，于是出行工具琳琅满目。在你风尘仆仆地奔向公司的途中，总有一些身影在你身边呼啸而过。迫于城市道路交通拥堵和城市外围扩张等问题，针对较短距离行驶并适合个人使用的电动代步工具成为发展趋势。它既可以在短距离内作为代步工具，又可以作为公共交通至目的地的最后几公里的补充。在这种前提下，电动代步工具的便携性非常重要。除此之外，便携式电动代步工具已经不能仅仅满足于骑行代步的基本功能，质轻、简便、灵活、高效、安全已经成为人们对便携式电动代步工具的基本需求。便携式电动代步工具的基本功能包括舒适的骑行体验、简便的携带方式、齐全的安全指示系统，附加功能包括鲜明的视觉特征、个性化需求、友好的人机交互设计、品牌识别、符合现代审美需求等。

前两年市场上出现了一直比较火爆的电动双轮平衡车（见图1）。相较于初代SEGWAY电动双轮平衡车，此类平衡车已经极大地缩小了体积与重量，并且骑行的学习成本也比较低，用户能够在比较短的时间内上手。但提行方面还不够便捷，骑上去虽然很个性，但重量比较重，对于女性或儿童消费者不够轻巧。

图1　电动双轮平衡车[①]

提起轻巧型的智能代步工具，这里小赢跟大家推荐另外一款电动平衡车——联想与英凡蒂联合出品、专为儿童打造的智能平衡车"SOLOIOTA"。该款平

---

① 图片来源：http://www.solowheel.com.cn。

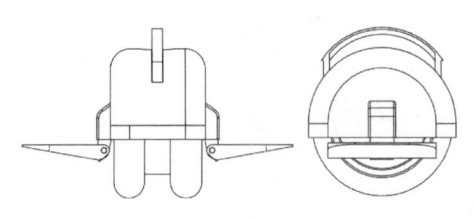

图2　ZL201630605214.1说明书附图

图3　SOLOIOTA产品图①

衡车是平衡车教父Shane Chen历时4年才推出的新一代专利技术产品（见图2）。

它一经发布，便一举拿下了2018拉斯维加斯CES唯一的最具科技趋势奖。产品非常适合女性与儿童消费者。饱满的线条、简洁的造型、纯净的配色，使得这样一个本应充满动感的交通工具体现出一种安静的美，踏板的纹路及LED头灯的排列均体现了科技感和未来感（见图3）。SOLOIOTA的车身重量只有7.8kg，较传统产品重量减少50%，只有足球般大小，出门时候可以单手提行，哪怕在拥挤的地铁或公交车上面也不会妨碍到旁边的人。它可以被放到背包中，完全解放双手。周末开车出去郊游的时候，也可以将它放置在座位旁边或车后备箱中，非常小巧便捷。

SOLOIOTA双胎小轮车是目前世界上比较小巧、环保、便捷的自平衡电动双轮平衡车。相较于电动独轮车，双轮的自平衡性使得使用者的学习效率更高。经过累积超过10000次的自平衡算法调校，始终坚持"身随心动"的行驶追求。革命性的"变形轮胎"，两个轮胎气压相通，转弯时可保证双轮胎同时与地面接触，提高转弯的稳定性，也使得SOLOIOTA拥有着更加流畅的转向系统和更佳的骑行体验。SOLOIOTA的双胎是相通的，所以在转弯的时候能保证两个轮胎同时着地，防止轮胎离地造成摔倒的危险。混合纳米塑料使车体更坚固，且对人体及使用环境不会造成任何伤害。航空铝制踏板减轻车体重量，同时负重强度最大化，电池和电路板包括在轮毂内，防水性更好，延长使用寿命。

但是，在所有的代步工具中，小赢记忆最深刻的是柯南驾驭的自带炫酷背景音乐的滑板。滑板一直是许多国外青年彰显个性，或者说是"耍帅"必备的玩具，它甚至也成为了一项极限运动。传统滑板需要一直靠人蹬地去提供动力，对于女生来说总觉得不够雅观。那么，如何更优雅地驾驭滑板车，更炫酷地出行？电动滑板车似乎是个不错的选择。

① 图片来源：https://m.tb.cn/h.e5Oi0pr?sm=723903。

美国Boostedboards公司推出的这款电动滑板车（见图4），也许是这颗星球上最轻的电动车了。这个团队的成员有着斯坦福大学机械、电气和航天方面的技术背景，同时他们自己也是滑板滑雪、水上滑板冲浪的爱好者。所以无疑他们会将革命性的原型动力传动系统加入到他们最喜欢的长板的组件里。更大的蓝图还在后面——他们想要改变交通运输的世界，颠覆人们对交通工具的想象。

图4 Boosted Boards产品图[①]

Boosted Boards电动滑板只有5.5kg，产品外观和尺寸跟普通滑板没什么两样，但是却装备了足足2.6马力的电动机，使滑板车能以最高32km/h的速度前进，续航能力更是长达10km左右。甚至，它还能爬小于15°的坡。所以，它可以在堵得水泄不通的马路上穿行而过，它能完美地解决公共交通"最后一公里"问题。出了地铁或公交后，你可以踩着它滑向公司。当然，如果公司到家的距离小于10km，那就直接全程滑板了吧。

这款滑板之所以叫"Boosted Boards"，顾名思义，就是这块滑板充满了能量。但是实际操作起来，这块充满能量的滑板还是具有一定危险性的。因为电机强大的扭矩会让不熟悉它的人有摔倒的可能性，所以各位想要入手的消费者还要先学习掌握下基础的滑板技巧。安全起见，护具对于这款Boosted Board来说是必备的，从而更加保障骑行的安全。

第二代Boosted Board滑板续航时间更长，充电一次可以行驶约40min。除此之外，第二代Boosted Board电动滑板还防水、防风、防尘，内置蓝牙也能和手机配对。黑夜一直都是滑手们的痛点，因此该款电动滑板自然也要在此方面进行改进，在滑板前后都可加装骑行灯，以保障夜间行驶的安全。

同时，这是一款可以"换挡"的滑板，Boosted Boards可以通过手持遥控器进行加速或者刹车，同时还可以通过遥控器上的指示灯观察当时的电量情况，让用户找到童年玩遥控玩具车的感觉。用户可以自行控制速度上限，而不用担心在上坡时功率会减小。长板还加入了再生制动系统，在刹车时可以把动能转成电能。也就是说，它学起来很容易，也易于控制速度。

该公司于今年上市了一款新品"Boosted mini"（见图5），比之前的滑板更短，解决了之前的长板无法用手提的问题。mini与长板相比短了25cm左右。产品

① 图片来源：https://boostedboards.com。

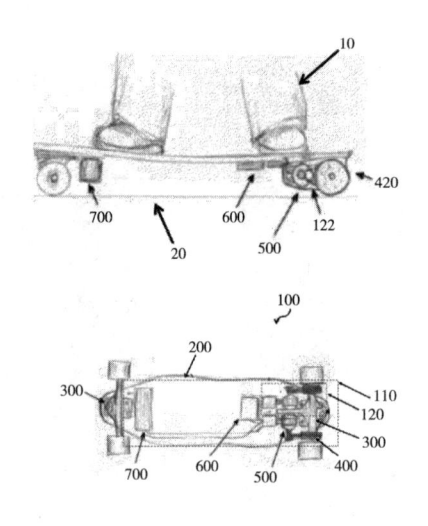

图5 WO2013/052707A1说明书附图

的重量更轻，更便于携带，对于女生来讲使用更加方便。

在当前城市交通拥堵、环境日益恶化的背景之下，高效环保的出行方式成为现阶段热门的话题。便携式电动代步工具作为新型环保的电动代步工具，具有非常重要的意义和广阔的发展前景。就中国城市发展的大环境而言，功能完善、迎合用户需求的便携式电动代步工具的推广是缓解机动车尾气排放带来的环境污染、燃油资源危机、交通拥堵、居民出行效率低下等一系列城市问题切实可行的办法。

本文作者：
国家知识产权局专利局
专利审查协作北京中心外观部
郝鑫 李静怡

06 分分钟给饮料降温的专利技术

> **小赢说：**
> 什么才是炎热天气的消暑利器呢？空调虽然凉快，但总想来杯冰水，一杯下去，透心凉！有没有什么办法，分分钟就能给饮料降温呢？

冰饮是夏季当之无愧的网红，去冰、少冰、正常冰，总有一款能满足我们的喜好。常见的冰饮制作方法是加冰块，简单粗暴，降温迅速。然而，被冰块稀释后的饮品，味道总是不那么纯粹。

另一种制作冰饮的方法是使用冰杯。市面上常见冰杯的工作原理是在内外两层杯壁之间填充水、食盐水、凝胶等冷冻剂，放入冰箱后冷冻剂凝结成固体，使用时为杯内饮料降温。部分冰杯放入冰箱时需要倒置，以防止底部冰层过厚而损坏杯子。传统冰杯降温速度较慢。炎炎夏日，如何让饮料迅速降温而又能保持口感不变？通过对该类产品进行检索，小赢发现了冰杯之光——能够迅速使饮料降温的冰杯。

Hyperchiller 瞬冰杯

Hyperchiller瞬冰杯，发明专利号EP3054243B1（见图1）。区别于传统冰杯的两层杯壁，Hyperchiller瞬冰杯分成三层（见图2），使用前需要把最内层的小不锈钢杯和外杯注水，并放到冰箱内冷藏，中间夹层通过不锈钢结构导热，使饮料中的热量迅速流失。多腔设计能够快速降低饮品的温度，仅仅一分钟（要是着急还可以晃动一下杯身），就能做出一杯美味可口的冷饮。

Hyperchiller瞬冰杯的杯盖设计（见图3）也是一大亮点。杯盖表面倾斜，凸起的小口位于斜面的顶部，凹陷

图1　Hyperchiller瞬冰杯[①]

---

① 图1、图2来自 Hyper Chiller 官方网站 hyperchiller.us。

的大口位于斜面底部，待冷却的饮品沿着倾斜的杯盖表面从较大的凹槽流入冰杯的中间层，冷却后可由另一端较小的口倒出，也可以直接对口饮用。

图2　Hyperchiller内部结构示意

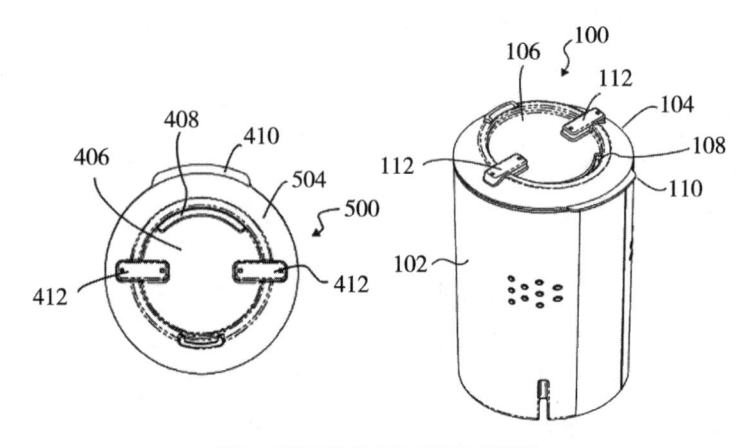

图3　EP3054243B1说明书附图

使用时，先将水注入内层的小不锈钢杯，并锁上杯盖；然后在较大的不锈钢杯中倒入冷水至指标处，再将较大不锈钢杯里的水全部倒入黑色外层杯中；将小不锈钢杯装入空的较大不锈钢杯内，同样用杯盖锁紧，最后装入黑色外层杯中完成组装；接着就可以将杯子放入冰箱，在冷冻室中冷冻至少12小时。想喝冷饮时，从冰箱里拿出冰杯，将饮品从杯盖的大凹槽直接倒入，冰饮就制作完成了。

Chill Factor 沙冰杯

Chill Factor是2012年创建的澳大利亚品牌，目前已推出一系列冷饮制作杯，如冰沙杯、冰淇淋杯和变色水瓶等。chill factor沙冰杯（见图4）由Chill Factor全球私人有限公司研发，且在多国申请了专利，如ZL201380000838.4。它的奇妙之处在于，不用插电，捏一捏就能制作出美味的沙冰。

图4　Chill Factor沙冰杯[①]

柔性材料制成的杯子内胆（见图5）是制作沙冰的关键部分。内胆的内外壁之间通过焊接形成多个制冷空腔，空腔内填充制冷剂。将装有制冷剂的内胆放入冰箱冷冻4~6小时，取出后放入杯中，装满饮料，挤压侧壁时（见图6），热传导使得在装置内壁形成的冰晶被释放出来，漂浮到杯子的顶部，不到一分钟的时间即可让果汁从液体状变为冰泥状。

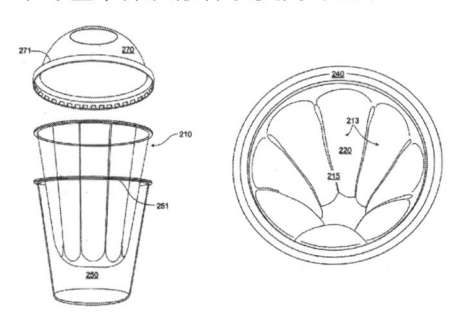

图5　ZL201380000838.4说明书附图　　　图6　挤压示意[②]

HUKKA 滑石杯

除了技术的创新，材质的改变也可以使冰杯达到迅速降温的效果。芬兰HUKKA设计公司设计的滑石啤酒杯（见图7），延续了北欧设计极简主义的风格。HUKKA啤酒杯使用了欧式扎啤的经典酒杯形象，采用滑石作为原料，不怕水、不生锈、不易损，天然质朴而又独具一格。

---

① 图片来源：http：//www.thechillfactor.com。
② 图片来源：腾讯视频 v.qq.com。
③ 图片来源：hukka 官方网站 hukka.fi。

图7 HUKKA滑石啤酒杯[①]

利用滑石材料比热容大的特点，可实现饮品长久保冷或者蓄热，将啤酒杯放入冰箱中冷冻蓄冷，倒入饮料，不需要制冷剂也可以迅速达到冷却效果。夏天的冰啤酒，冬天的热黄酒，一个滑石杯统统搞定。

芬兰人自古以来就有使用天然滑石制作生活用品和宗教用品的习惯。HUKKA设计公司设计的滑石器皿涉及生活的诸多方面，是把传统融入现代的商品典范。

作为给饮料降温的工具，冰杯不仅能迅速制冷，还能保持饮品纯粹的口感。高颜值的外观设计搭配冰爽可口的饮品，让炎热的夏天也变得值得期待！

本文作者：
国家知识产权局专利局
专利审查协作北京中心外观部
苗薇 谷树天

07　磁力导入——护肤界的脑洞科技

> **小赢说：**
> 最近小赢很苦恼，花大价钱买回来的护肤品，用了一段时间好像效果不明显呢？是买到假货还是这款产品并不适合自己，抑或商家夸大宣传？到底是哪里出了问题？这个"锅"应该也许"吸收"来背。

无论是需要透皮给药的药物还是用在皮肤上的护肤品，吸收都是其能否发挥最大作用的关键。对于广大爱美人士，花了高昂价格的护肤品如果吸收不好，无疑事倍功半。因此，各大护肤品公司在如何能够让各种活性成分更好吸收的研究上也是不遗余力。最常见的做法是在护肤品中加入促渗透剂。近年来也有不少尝试，采用物理方法来增加活性成分的渗透，如振动、离子电渗、磁电泳等。在这些物理方法中，磁力导入无疑是目前风头最劲的一项黑科技。

2018年3月，某亲子综艺节目中一位女明星使用的高科技护肤产品成功地引起了爱美女性的关注，萌娃给妈妈按摩的画面也戳中了一干"中年少女"的心。美妈到底用的是什么高科技产品？真能让人变年轻吗？在众人的疑惑中，电视屏幕上贴心地打出了"OLAY小哑铃"的字样：原来是玉兰油旗下的产品。广告植入的力量不容忽视，一时间各大论坛掀起了一股讨论"小哑铃"的热潮，某公众号也对该款产品进行分析，称其是憋了15年的"黑科技"。

我们先来看看，它到底长什么样。官方给出的名称是小哑铃7000（见图1），确实也长得很像哑铃。主打的功能是磁力导入+每分钟7000次的高频微振动。OLAY天猫旗舰店给出的信息是全

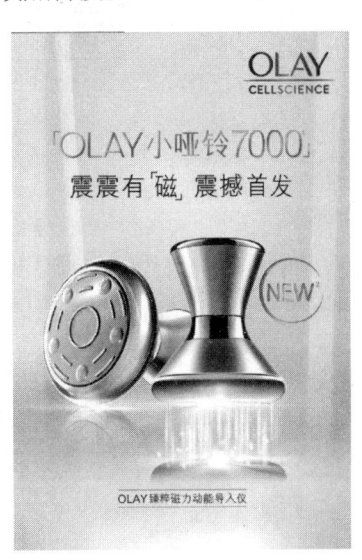

图1　"小哑铃"宣传海报[①]

---

① 图1、图3、图4、图8来自OLAY天猫旗舰店，网址为https://olay.tmall.com/?spm=a220o.1000855.1997427721.d4918089.505d735ce0dN20。

球首发，2018年4月28日正式发售，之前是预订状态。等等，小赢好像发现了什么！在亲子节目播出时，这款"小哑铃"并未正式发售！那么明星能够用上这款产品应该是厂家的宣传策略无疑了。

其实小赢之前已经预定了一个，刚刚到手，来一睹真容，如图2所示。

再来看看官方给出产品说明。如图3、图4所示，图片中提到了微米级磁粒能够组成特别的磁场，产生特应性推动力帮助核心有效成分渗透。这项在澳大利亚研发的核心技术就是今天要讨论的主角——磁力导入。

图2 "小哑铃"实拍照片

图3 "小哑铃"原理示意

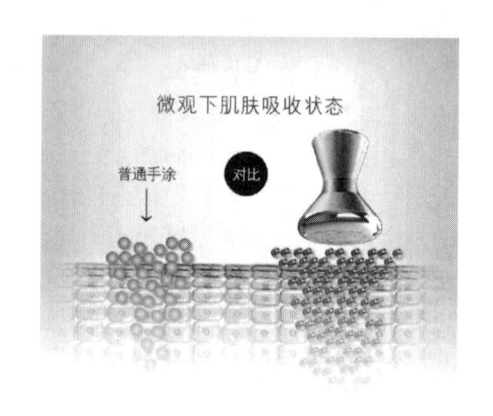

图4 "小哑铃"吸收对比示意

最早研究采用磁力导入提高活性成分渗透的并不是宝洁公司，而是一家澳大利亚的公司：OBJ。磁力导入最早的对象也不是护肤品中的活性成分，而是透皮给药的药物。OBJ公司是专门研究药物递送的，在其官方网站上称自己为"Leader in Magnetic Enhanced Delivery Solutions"。这家公司在2008年申请了一项关于磁力导入活性物质的专利（WO2009/135246A1，见图5），在这个专利申请中，磁力导入设备以及核心部件长这样：每对极性相反的磁性材料10和20之间，设置有绝缘体30，上下两端是高分子材料40。这个设备主要是

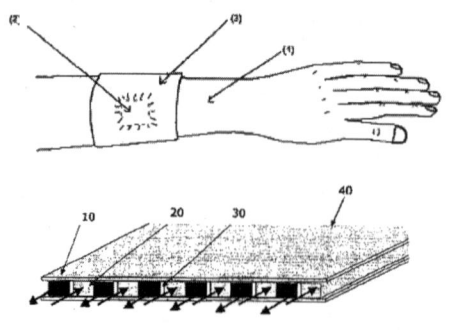

图5 WO2009/135246A1说明书附图

用来透皮给药的，该申请中也提供了实验数据证明对于某些药物，采用该设备后药物的渗透有所增加。麻醉用药丁卡因，采用该设备后渗透量是不采用设备时的6倍，效果还是很明显的。

该专利申请的发明人之一Edward Jeffrey D.一直致力于磁力导入的研究，于OBJ的子公司——International Scientific PTY 公司先后申请并获得了多项关于磁力导入的专利：WO2011/156869A1、WO2013/033782A1、WO2013/110124A1。

上述专利申请成功地引起了宝洁公司的兴趣。宝洁公司将这项技术应用到了护肤品的导入中，并于2016年申请了多项专利：WO2016/044552A1、WO2016/044554A1、WO2016/044564A1、WO2016/044567A1。Edward Jeffrey D.仍然是发明人之一，OBJ也成为宝洁公司的合作伙伴，所以宝洁公司称这项核心技术在澳大利亚研发。

上述专利申请中公开了护肤产品及其使用方法和装置，所述的护肤品采用一种具有磁阵列的装置来施用，这个装置可以有多种不同的样子，如图6所示。左上角那个基本上就是小哑铃的模样了。右上角的产品是针对眼部的设计，左下角的产品是针对施用面积较小部位的尖端设计，而右下角的产品则具有能够替换的盖子。

在上述专利申请后，宝洁公司最早将磁力导入的技术应用在了其高端品牌SK-II上，它相应的装置叫"小陀螺"，像高个子的小哑铃，在2017年上市，如图7所示。

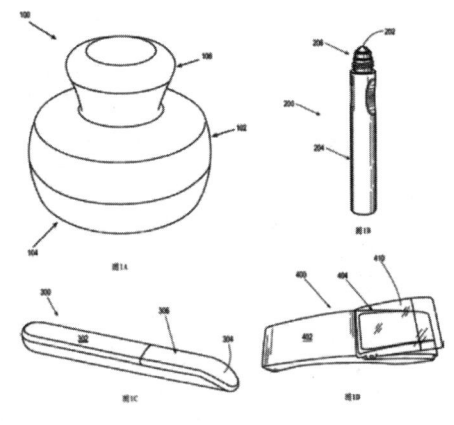

图6　WO2016/044552A1说明书附图

图7　SK-II"小陀螺"宣传海报[①]

---

① 图7来自SK-II中国官网，网址 https://www.skii.com.cn/sc/product-detail.aspx?name=magnetic-booster-set-featuring-rna-cream。

后来宝洁公司才将该项技术用到了OLAY的产品中，最早推出的产品叫磁力沁透仪，形状和"小哑铃"一样，是白色的，配合一款面膜发售使用的，如图8所示。

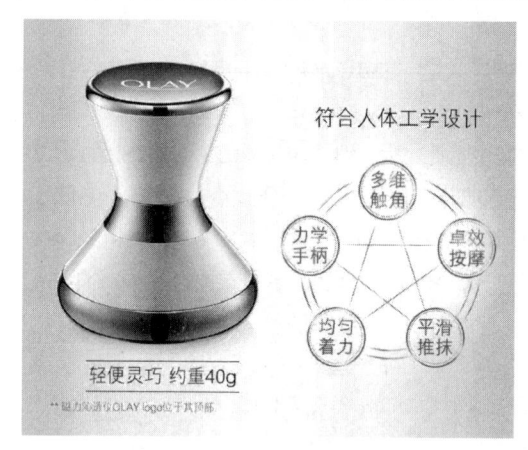

图8 磁力沁透仪宣传海报

不知出于何种原因，不管是"小陀螺"还是磁力沁透仪，宝洁公司似乎都未进行大力宣传，投放市场后也没什么"水花"。有分析认为可能是宝洁公司还在等待内部实验数据对效果的确认。相比之下，这次的"小哑铃"在宣传造势上，宝洁公司可以说很是下了一番功夫的。

说了这么多，大家最关心的还是这项专利技术的效果。那么，磁力导入究竟是怎么导入的呢？用在护肤品上，到底能不能有效提升活性成分的吸收？这还得从物质本身具有磁性说起。

任何物质都具有磁性，分为顺磁性、抗磁性（反磁性）、反铁磁性、铁磁性和亚铁磁性，前三种为弱磁性，后两种为强磁性（见图9）。一般而言，当分子中没有不成对电子时，其磁矩为零；在外加磁场的作用下，电子运动将产生一个附加的运动，感应产生与外加磁场反向的磁矩，这时物质呈现抗磁性。惰性气体、大多数有机化合物为抗磁性物质。当分子中有不成对电子时，各单电子平行自旋，各原子磁序取向混乱，对外不显示宏观磁性；在外加磁场的作用下，原子磁矩转向，感应出与外加磁场一致的磁矩，这时物质呈现顺磁性。稀土元素和铁族元素的盐为顺磁性物质。

护肤品的活性成分绝大多数都是有机化合物，因此，其呈现抗磁性。当护肤品被施用在皮肤表面时，在外部磁场的作用下，产生了与外部磁场相反的磁场，从而产生排斥效应，因此增加了活性物质向皮肤的渗透。简单来说，就是磁力导入利用了物质的抗磁性，使活性成分向皮肤深处渗透。

怎么理解这个过程呢？有人打了一个有趣的比方，把护肤品中的活性物质比作学校里的不安分学生，当教导主任（"小哑铃"）来了后，倍感压力（产生抗磁性），想要逃跑。因为被涂抹在皮肤上，不能向空气中逃跑，因此，只能向皮肤内逃跑（渗透）。

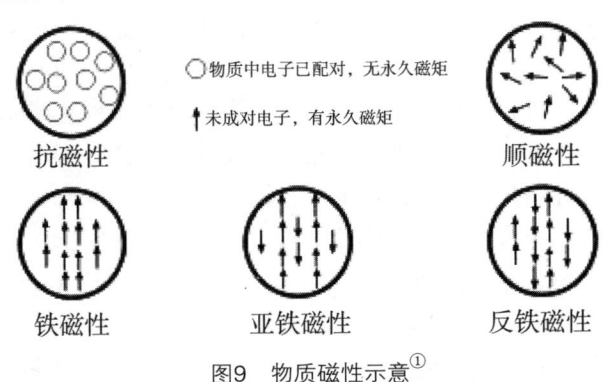

○ 物质中电子已配对，无永久磁矩
↑ 未成对电子，有永久磁矩

抗磁性　　顺磁性
铁磁性　亚铁磁性　反铁磁性

图9　物质磁性示意[①]

那么磁力导入的效果到底怎么样？从宝洁公司上述专利申请公开的实验数据（真人表皮层实验）来看，针对Pal-KTTSS，即棕榈酰五肽，一种具有抗皱紧致效果的寡肽，采用磁导入后，其渗透量为不采用磁导入（手涂抹）的2~6倍；针对烟酰胺，一种美白淡斑成分，采用磁导入后，其渗透量为不采用磁导入的1.5~3倍。从实验数据来看，这个黑科技还是有效的。宝洁公司在广告宣传中采用了"3×透白紧致"，认为针对其核心的有效成分（同样是专利成分），在深层、深透、深润三个维度上具有效果，也是有一定数据支持的。也可以这样理解，采用磁力导入后，皮肤吸收增加了，在相同的用量下，比手涂抹吸收的更多，效果自然就好一些。

又有机智的小伙伴要问：是不是随便拿一块磁铁都可以使活性物质产生抗磁性促进渗透呢？当然不是，从专利申请公开的内容来看，所采用的磁阵列在磁极分布、磁场的方向和强度都有一定的要求，比如像图10这样排列。

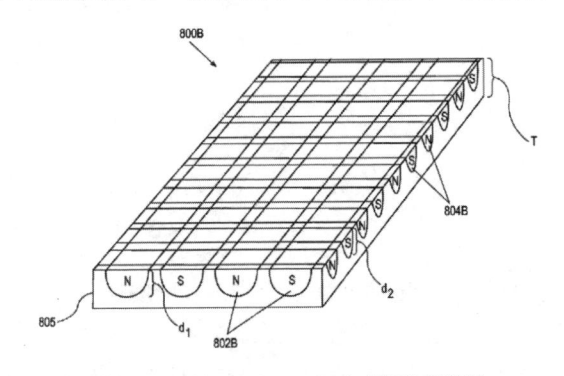

图10　WO2016/044552A1说明书附图

磁阵列中采用的是锶铁氧体粉末，南北极相间排列，单向磁阵列的强度为24~36mT，双向磁阵列的总磁场强度为14~30mT，产生的磁场在仪器底部与皮肤

---

① 新浪博客，http://blog.sina.com.cn/s/blog_9460ff790102wukn.html。

接触的部分，这样才能更好的与活性物质产生相互作用。而普通磁铁（永磁体）的磁场强过大，为100~300mT，此外磁场的方向以及分布都是不合适的。

那这个仪器可不可以用来导入其他的活性成分？当然可以，因为磁力导入利用的是物质的抗磁性，在理论上，只要是具有抗磁性的物质都能够采用磁力导入。而大多数有机化合物均为抗磁性物质，所以，采用这个技术，不只是实验数据中涉及的Pal-KTTSS或烟酰胺，对于护肤品中的其他有机活性成分也能够增加渗透量。但具体的能提高多少，还要看物质本身的抗磁性质，以及使用者的皮肤状况。从上述专利申请公开的数据来看，针对不同的受试者和有效成分，渗透提高的倍数为2~3倍。进一步研究表明，针对吸收成分的不同，磁整列的排布以及磁力的强度的最佳值也会有所变化。在第一代"小哑铃"成功开拓市场以后，宝洁公司也推出了针对不同吸收成分的粉色、绿色"小哑铃"，号称其具有针对独特结构的专属磁场。

最后要强调的是，吸收效果毕竟是因人而异的。如果皮肤本身吸收就不太好的话，磁力导入也就是能够让吸收加倍，并不能使皮肤的吸收大幅度提高。不管怎样，渗透增加，吸收加倍，可以说事半功倍（省钱）了。一瓶当做两瓶用，谁不希望呢？

这样的黑科技，有没有让爱美的你心动？

本文作者：
国家知识产权局专利局
专利审查协作北京中心化学部
李姮

08　华为水滴屏 VS 苹果刘海屏

> **小赢说：**
> 　　每年9月，苹果的新品发布会可以说是行业的"风向标"，牵动着许许多多厂商的心。在国产手机品牌逐步崛起的今天，我们已不再满足于跟随者的角色，而是纷纷发力，向"引领者"转变。在事关手机颜值的屏幕上，华为已经抛弃了苹果延续两年的"刘海屏"，而向屏占比更高的"水滴屏"转变。OPPO、VIVO等品牌则更进一步，推出了完全隐藏前置摄像头的"真全面屏"。下面小赢就和大家一起，聊一聊手机屏幕背后的"黑科技"。

　　手机作为使用范围最广的智能终端产品，凝聚了整个通信、电子、计算机行业的顶尖技术。手机性能的提升，例如CPU和操作系统评分的提高，普通消费者未必关心，但手机颜值的改变却是我们每个人都能直观感受到的。影响手机颜值的最重要因素就是正面屏幕的形状。正是因为屏幕上方的"刘海"、绕屏幕一圈的黑色边框、以及屏幕下方的黑边"下巴"这三者的存在，导致手机的正面没办法做到浑然一体。

"刘海"上都有什么？

　　"刘海"的存在，主要是服务于这些部件：
　　·听筒（Speaker，打电话时用来播放对方的声音）；
　　·距离传感器（Proximity sensor，用来判断人脸和手机的距离，在打电话时熄屏省电）；
　　·环境光传感器（Ambient light sensor，让屏幕亮度跟随环境亮度而改变）；
　　·前置摄像头（Front camera，主要是用来自拍，以下称"前摄"）。
　　华为在"水滴屏"上只保留了前摄，而将其他部件都从手机的正面消除。那么小赢就从专利的角度分析一下，这些部件是如何成功"隐身"的。

1. 听筒

　　小米科技有限责任公司（以下称"小米"）的专利ZL201621090092.8提供了

· 39 ·

一种"悬臂梁"结构，声音通过压电受话器、传导模组、中框传导至手机正面的玻璃面板上释放出来，也就是将手机的整体框架作为发声部件，而不需要单独在屏幕顶端设置一个听筒。华为的"水滴屏"隐藏听筒是否采用这种方式我们不得而知，但这确实提供了一种替代听筒的实现方案，已有的成功应用案例就是小米MIX手机。

2. 距离传感器

广东欧珀移动通信有限公司（以下称"OPPO"）的专利申请CN106851013A提供了一种探测距离的方式，利用超声波的反射原理。手机发出超声波，超声波经过反射后由麦克风接收，通过收发之间的时间差判断人脸与屏幕的距离，进而判断是否需要关闭屏幕。超声波的发出利用的是前述隐藏听筒的解决方案，这就不再需要在手机正面为距离传感器专门预留位置。

3. 环境光传感器

检测周围环境亮度，并不一定需要在屏幕正面实现。小米的专利申请CN108051370A就提供了这样一种方式：在手机屏幕与边框的连接部分设计透明玻璃，利用该透明玻璃来采集光线，光线能够通过该透明玻璃经过一次90°的反射而进入手机内部的光传感器上（见图1），从而将原本需要占据一定空间的环境光传感器与手机的边框融合在一起，将环境光传感器从屏幕正面消除。

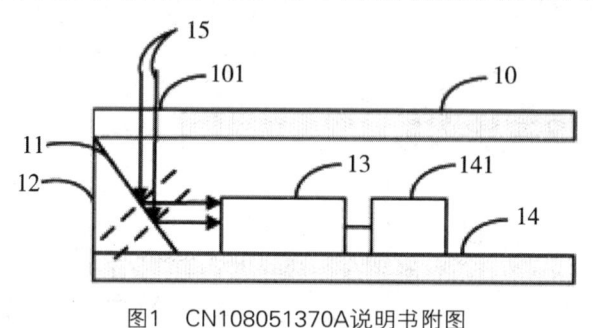

图1　CN108051370A说明书附图

4. 前摄

前摄作为"刘海"中最大的部件，对于全面屏的实现起到决定性作用。华为在其"水滴屏"上保留前摄，也许是出于成本、专利规避等诸多考虑，毕竟正面无前摄的实现方式实际上早已由其竞争对手进行了专利布局。

2016年11月16日，OPPO提出了一件专利申请CN106790778A，将前摄隐藏到了手机的背面，使用时需要将其从背面"翻转"到正面（见图2）。

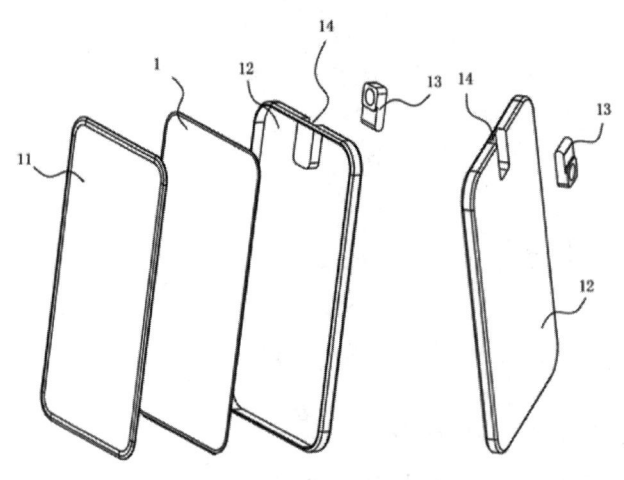

图2　CN106790778A说明书附图

OPPO还于2017年1月9日提出了两件专利申请，其中CN106713549A将前摄隐藏起来，可在需要时弹出，并给出了两种弹出方式，一种是直线式向上弹出，另一种则是类似于旋钮，让前摄旋转90°弹出（见图3）。另一件"双屏手机"的专利申请CN106850884A则无前摄，直接在手机背面增加一个显示屏专门用来自拍（见图4）。

图3　CN106713549A说明书附图

图4　CN106850884A说明书附图

除了OPPO这样强大的竞争对手，在隐藏前摄方面，其他公司也已给出了解决方案。早在2013年，"天津华锐源科技有限公司"的专利ZL201320186216.2就提供了一种将手机的前摄、听筒等部件隐藏在手机顶部，并在需要时整体弹出的实现方式（见图5）。

可见，在专利界，隐藏前摄的方案早已成为一片"红海"，因此华为采用"水滴屏"的方式保留前摄，避免可能带来的专利纠纷，不失为一种明智的选择。

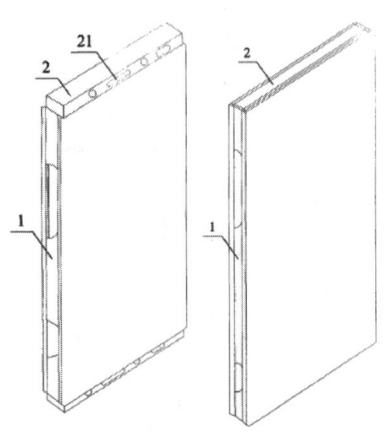

黑色边框如何隐形？

由于屏幕和手机框之间存在电路和密封胶，导致视觉上绕屏幕一圈有一个黑色边框。为了实现精益求精的全面屏，华为已经在其专利申请CN107422466A中给出了解决方案。它在屏幕边缘也就是黑色边框的下方设置棱镜对屏幕的光线进行反射（见图6），使屏幕的边缘不再显示为黑边，而是与屏幕显示的内容一致，从而将黑色边框与显示屏融为一体，正面看起来显示屏几乎占据了所有的视野。

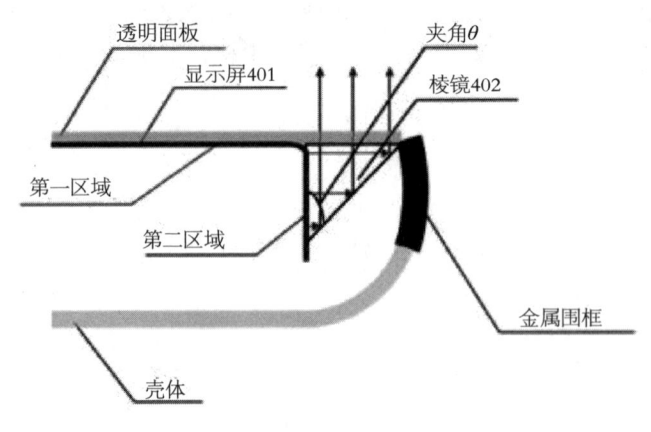

图5　ZL201320186216.2说明书附图

图6　CN107422466A说明书附图

"下巴"怎么办？

手机的触摸屏作为一个集成度非常高的部件，需要与之相连的电路和芯片来进行控制，这些控制部分构成了屏幕的"下巴"，也就是屏幕下方较宽的黑边。不同的封装方式COG（Chip on glass）、COF（Chip on FPC）、COP（Chip on plastic）对"下巴"宽度的影响不同，相对而言，成本最高的COP封装可以做到较窄的"下巴"。近年来，柔性电路板技术的发展也为"下巴"的进一步缩短提供了可能，原本需要占据"下巴"空间的电路板可以设计成柔性的可弯折区域，从而将一部分电路板弯折到手机的下方和背面，使得屏占比的进一步提高成为可能。华为的竞争对手维沃移动通信有限公司（手机品牌VIVO）的专利申请CN109215521A，正是给出了这样一种缩短手机下方黑边的方式（见图7）。

在2018年之前，国内各手机厂商基本都是跟风苹果的设计。但从国内手机的领头羊华为抛弃了苹果的"刘海屏"可以看出，国内手机厂商已经先发制人，研发、整合技术的能力都在稳步提升，不再唯苹果马首是瞻。以华为为代表的中国手机厂商的崛起，不仅提升了消费者的体验，更让我们相信，我国自主创新的产品也有机会成为各行业的风向标。相信小赢和你都在期待那一天的到来。

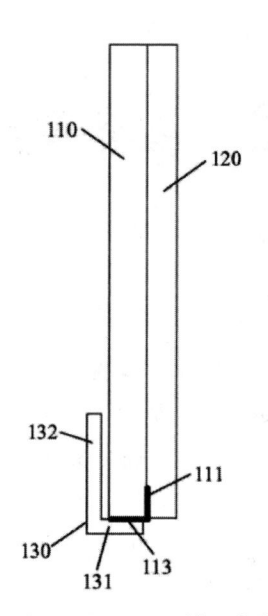

图7 CN109215521A说明书附图

本文作者：
国家知识产权局专利局
专利审查协作北京中心通信部
陈凯

09 拿奖拿到手软的智能电动轮椅

> **小赢说：**
> 提起残疾人的代步工具，你都会想到……？但是，诞生于2012年的初创公司WHILL用自己的产品，给出了令人耳目一新的答案。是的，有人说他们重新定义了轮椅！

引语

先来介绍下WHILL公司。该公司由前索尼、奥林巴斯及丰田工程师创建命名，是一家来自日本的电动轮椅专业研发生产商。早在2014年，该公司就推出了一个Kickstarter（众筹）项目WHILL Model A来筹集资金，此项目针对的产品是图1所示的全新个人移步工具。

该产品的一个优势是配套了相应的APP应用（见图2），用户可以用手机遥控WHILL Model A。比如在某些场合中，用户无法将WHILL一直放置在身边，使用APP里的虚拟操纵杆就能遥控WHILL驶向自己了。

图1 WHILL Model A的实物展示图[1]

图2 WHILL Model A配套的APP展示

---

[1] 图1、图2、图7、图8来自WHILL的官方网站 https://whill.jp/wp-content/themes/whill-jp/pdf/whill_model_a_catalog.pdf。

Whill Model A最初设计的目的只是替代轮椅。但是通过对150名轮椅使用者的分析研究，设计团队发现，受调查者不仅希望此类设备既灵活又稳定，更重要的是，他们希望消除轮椅给人带来的负面含义。于是，团队发明了一种采用全新设计的轮椅，设计者希望通过创造时尚、现代的移动装置，让坐在轮椅上的人不再自觉低人一等。之后，产品事业部的负责人又向记者这样诠释了他们的产品——"我们不能将它简单定义为一个轮椅，我们更专注于个人的移动性"。

WHILL 电动轮椅的成长之路

1. WHILL Model A 型轮椅

与传统轮椅相比，A型轮椅最大的区别之一是前臂控制器，它可以让用户前倾，模仿自行车和摩托车骑手的姿势。设计者表示，这样可以使驾驶者选择采取一种倾斜的状态，让使用者觉得他们是在骑摩托车或其他炫酷的机动装置，而非被迫采取被动的坐姿，从而使得他们看起来更具活力。

2012年10月，WHILL公司在日本提出了多份涉及该产品的发明申请：JP特开2014-73806A（见图3）、JP特开2014-73316A（见图4）、JP特开2014-73317A（见图5）。从内容看，这三份申请分别关注于电动轮椅的整体结构、方向盘以及第二方向盘的结构和作用。

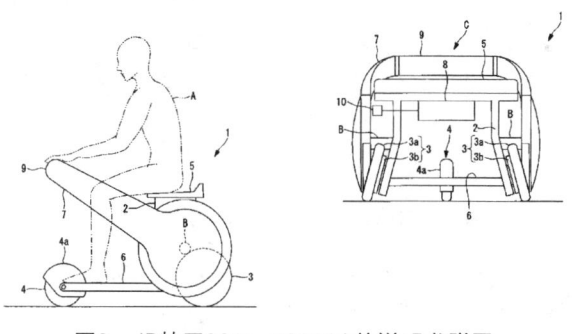

图3　JP特开2014-73806A的说明书附图

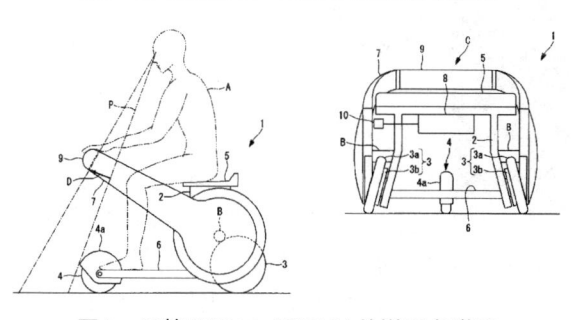

图4　JP特开2014-73316A的说明书附图

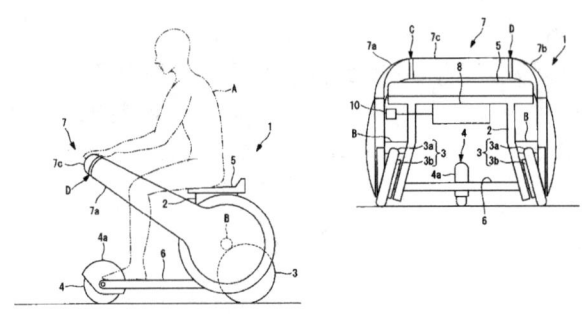

图5　JP特开2014-73317A的说明书附图

2013年11月，WHILL公司将其对产品的保护从本国拓展到了国际市场，分别向日本、中国、美国和欧洲提出了发明专利申请。截至目前，其在日本、中国和美国的申请均已获得授权：JP特开2015-93513A（见图6）、ZL2014106431557、US9365076B2。从内容看，其申请的技术要点是WHILL电动轮椅上使用的全方位移动车轮（见图7）。

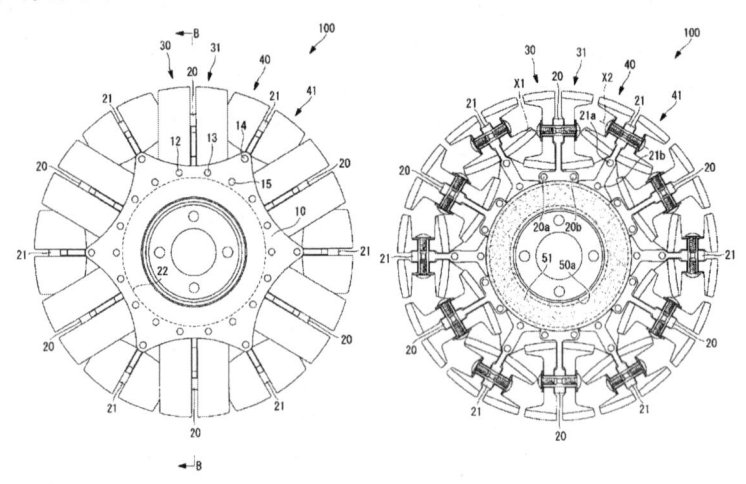

图6　JP特开2015-93513A的说明书附图

图7　WHILL Model A轮椅中车轮的实物

相对于传统轮椅，WHILL产品的主要改善在于缩小了轮椅的转弯半径，同时保证了其在崎岖路面上运动时的稳定性。毋庸多言，缩小转弯半径需要轮椅有小的前轮，但与此矛盾的是，这些小轮子往往会在裂缝处卡住或在粗糙的表面上磕磕碰碰。WHILL设计团队开发出的全方位轮子，使得A型轮椅的转弯半径只有0.71m，可以让乘坐者在狭小的空间内灵活转动；同时，四驱的动力输出设计让WHILL可以适应各种复杂的地形，草地、雪地、砂石路面以及轻松上坡，且明显颠簸的上下幅度不超

· 46 ·

过0.07m。

2015年，WHILL Model A获得了日本Good Design Award设计大奖（见图8），且在当年，其工程师团队已经得到来自11家投资公司的1100万美元的A轮投资，从而使得该公司的首个零售型号——A型轮椅的最终产品于次年（2016）年初在美国交付。小赢打探了一下，A型轮椅当年的售价是9500美元，如果用户支持100美元，可以访问WHILL设立在硅谷的总部。

日本Good Design Award已有近60年历史，是亚洲、也是全世界最具权威性的设计奖项之一。它不仅仅只是一项设计赛事，还旨在通过正确评价优秀作品，促进人们生活、工业生产及社会的健康全面发展，目的是强调消费者使用体验及产品便利性的不断推陈出新、标新立异。在日本，只有在Good Design Award中的获奖作品才能使用的"G标志"，且只有获得"G标志"的产品，才代表设计和质量的双重保证。

图8　WHILL Model A获得Good Design Award 2015设计大奖

好事成双，2016年11月，亚洲最具影响力设计奖DFA的获奖名单正式公布，WHILL Model A成功入围。此奖项由中国香港设计中心主办，中国香港特别行政区政府创意，中国香港为主要赞助，其目的是从亚洲观点表扬卓越设计及在区内有助提升人民生活质素的设计项目。

2. WHILL Model C 型轮椅

令小赢颇为钦佩的是，尽管WHILL Model A已经屡获殊荣，WHILL团队的设计师们并没有就此止步。2017年，他们推出了新型号的电动轮椅WHILL Model C（图9），并通过了FDA认证。

与WHILL Model A相比，该款产品让用户在斜坡或者崎岖不平的表面行驶时更加平稳，还加入了一些全新的功能，比如扶手和压力释放手杆等。以下是其官网给

图9　WHILL Model C的实物展示[①]

---

① 图9~图14来自WHILL的官方网站 https：//whill.jp/wp-content/themes/whill-jp/pdf/whill_model_c_catalog.pdf。

出的产品外观（见图10）及性能比较表（见图11）。

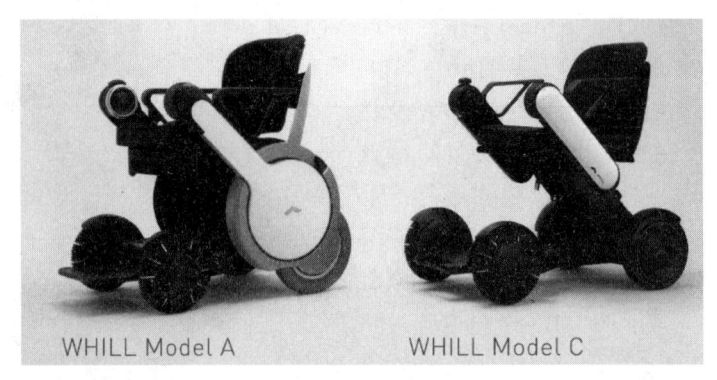

图10　WHILL Model A与WHILL Model C的外观对比

图11　WHILL Model A与WHILL Model C的性能对比

WHILL Model C相比于上一代最大的亮点就是在降低自身一半重量的同时，可依旧提供四挡动力，并支持拆卸折叠，让出行更加方便。用户可通过轮椅的左扶手控制速度档位，通过右扶手控制行驶的方向，无论是小型台阶、90°急转弯、30°上坡，还是摩擦力较大的石子、草地、沙滩表面，Model C都可以轻松胜任。

2017年01月，CES 2017 年度的最佳榜单出炉，由CES 官方和瘾科技Engadget 共同评选出了13 款年度最佳产品。被评委们冠以"最佳辅助技术"的WHILL轮椅顺利入围，其设计紧凑且坚固，能让残疾人在不同的平面上来去自如。虽然电动轮椅已经存在了几十年，但WHILL公司提出的全轮专利技术，使这款轮椅在行业中脱颖而出。

WHILL Model C使用锂离子电池，一次充电可行驶16km，最快速度为8km/h（这是一个轻微的慢跑速度）。锂电池也使它更轻便，整个产品仅重52kg。与传统的电动轮椅相比，WHILL Model C短轴距、窄框架，原地旋转的万向轮配上快速反应的控制系统可以通过更小的占地面积实现更紧凑的空间移动，从而较好地满足室内使用。同时，8km/h的速度加上16km的续航能力，以及不俗的越障能力，也能很好满足室外使用。

WHILL Model C仍然可以使用APP应用程序远程驱动（见图12），锁定/解锁以确保安全，并提供多种驱动模式供选择。通过手机还可实时查看关键设备的信息和电池的健康状况，以确保WHILL Model C处于最佳状态。

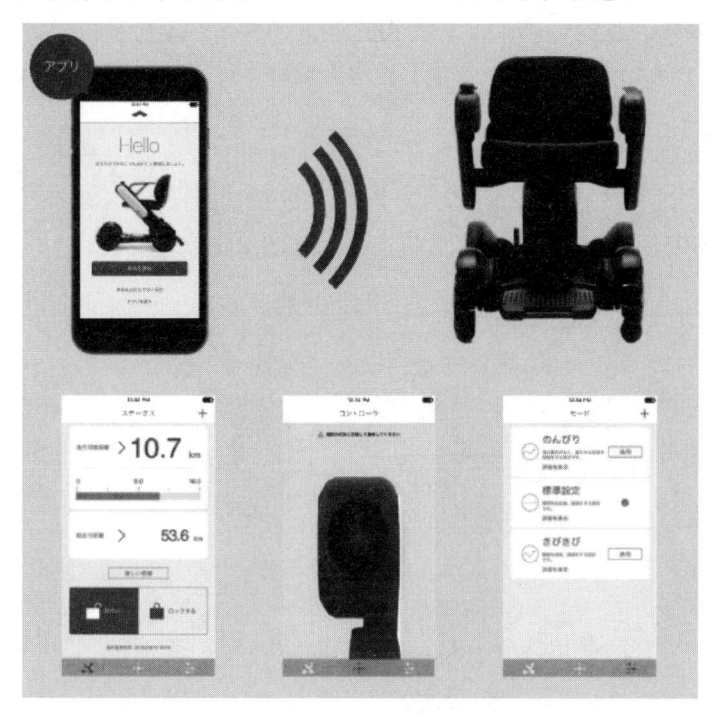

图12　WHILL Model C配套的APP展示

Model C可以快速拆分成三部分，从而可以非常方便地装进汽车里（见图13），此设计大大扩展了WHILL轮椅使用者的活动范围。有了WHILL轮椅的保驾护航，驾驶者可以舒心地和心爱的人一起，去看诗和远方。

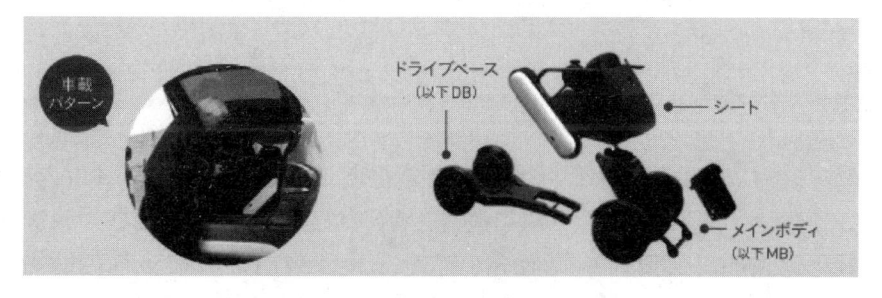

图13　WHILL Model C的拆分结构展示

提到红点设计大奖，多数人都不会陌生。该奖项在1955年创办于德国，与德国"IF奖"、美国"IDEA奖"一起并称为世界三大设计奖，被公认为世界上最具有权威性的设计竞赛奖，素有"国际设计界的奥斯卡"之称。这个让全球设计师狂热的奖项每年都能收到来自世界50多个国家的数千个参赛作品，经过业界几十位知名评委近2个月的讨论及评估，才产生最后的获奖名单，因而评选的标准极为严苛。2018年7月，在这项耀眼大奖的获奖名单中，小赢同样看到了WHILL Model C的身影，还有评委们简洁有力的评语"这款电动轮椅挑战了传统的轮椅设计，赋予了新的美感。符合人体工程学的设计，电动轮椅通过操纵杆可以精确地操纵平稳运行！"

小赢还发现，WHILL公司于2017年6月已在我国为此款产品申请了外观设计专利，其最早的优先权日为2016年12月09日；2018年2月，该外观专利申请获得授权（ZL201730231004.5），其中包含同一产品的两项相似外观设计（见图14）。

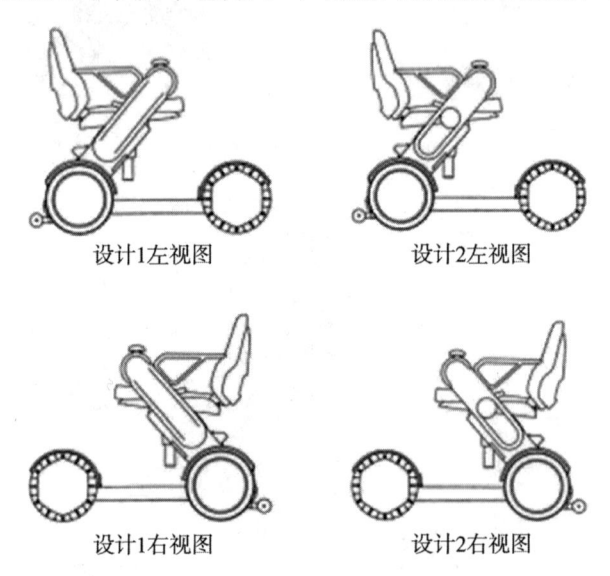

设计1左视图　　　设计2左视图

设计1右视图　　　设计2右视图

图14　ZL201730231004.5附图

结语

截至目前，WHILL公司的获奖记录仍在刷新：北京时间2018年11月17日上午，《时代》周刊公布了2018年最佳发明榜单，WHILL Model C入选2018年的五十大发明。《时代》周刊称，这是一款"给用户带来多种帮助的轮椅（A Wheelchair That Empowers Its Uers）"。小赢非常赞同此观点，WHILL不仅充分诠释了科技如何更好为人性服务这一理念，通过优雅、贴心的设计让特殊使用群体的生活更有质量、更有尊严；其现代、漂亮的外形，充满人性化设计的功能，还足以使其作为新时代的个人交通工具适用于任何人。

就像小赢在开篇提起的那样，或许在不久的未来，"全地形"和"智能化"的轮椅将延伸到健全人领域，成为更便捷的代步工具之一。"颜值控们"不妨回忆下《X战警》中坐在轮椅上依然可以叱咤风云的教授，相信你很容易理解，驾驭一个科技感十足的轮椅，丝毫不会有损你的fashion感。

本文作者：
国家知识产权局专利局
专利审查协作北京中心化学部
蔡蕾

10 没有烧烤的世界杯是没有灵魂的
——解密自动烧烤机

> **小赢说：**
> 每一届的足球世界杯都不愧为球迷们的一场视觉盛宴，而球迷们在观看精彩比赛的同时，怎么少得了啤酒与烤串的"燃情"相伴呢？那么，有什么高科技可以帮助小赢从油烟中解放、肆意看球撸串呢？

回顾2018年的俄罗斯世界杯，可谓硝烟四起，大牌球队冷门叠爆。对于资深球迷的小赢来说，能够边看球边品尝美食实为一大乐事。而与足球相伴的美食，除了花生毛豆、啤酒炸鸡，更让人垂涎的就是美味的烤串（见图1）。

然而，如果是去店里品尝烤串，相信不少吃货对于烤串有着这样那样的烦恼：烤好的肉串常常因为来不及吃变凉而无法下咽、烤肉师傅的火候和佐料配置不对个人胃口；如果是自己用烤架烧烤，大都需要手工翻动，烟熏火燎、手忙脚乱，很是辛苦，有时因为烤串受热不均匀，经常出现烤糊烤焦的情况（见图2），不仅影响烤串质量和口感，食用后还会不利身体健康。

图1 美味烤串[①]　　　　图2 传统烧烤模式[②]

近些年来，很多烧烤店引入了一种全新的"自动烧烤机"（见图3），这是一种用电动机带动链条，通过齿轮配合使钎子自动旋转的机器，把肉串放到上面

---

① 图片来源：http://www.sohu.com/a/317148447_99999599。
② 图片来源：http://www.sohu.com/a/229837486_99981101。

就能自动旋转，而不需要顾客动手。再配合排烟的吸烟系统，健康有趣的美食体验把吃烤串推上了一个新领域。

小赢发现，如此有趣的机器也早已在专利领域广泛布局。早在2003年，即有初代的自动烧烤机ZL02213773.4提出了由链条式循环输送机、电风扇、隧道式烧烤箱和接灰盒构成的烧烤装置（见图4）。但这种烧烤工艺与传统的人工烧烤区别较大，烤制的食品很难达到人工烧烤的口味和效果。

图3 自动烧烤机[①]

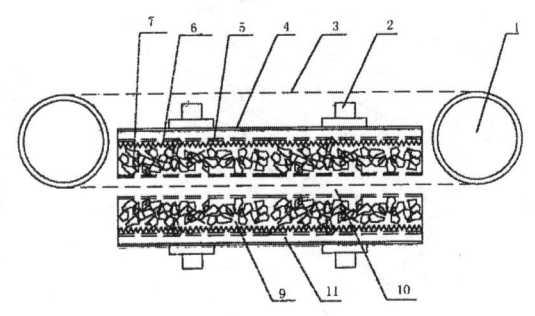

图4 ZL02213773.4说明书附图

此后，自动烧烤机的技术不断更新，例如ZL200710015227.3的自动烧烤装置由两套横杆和多个翻转铰接杆组成（见图5），其工作原理是横杆上升并带动铰接轴实现肉串的自动翻转。

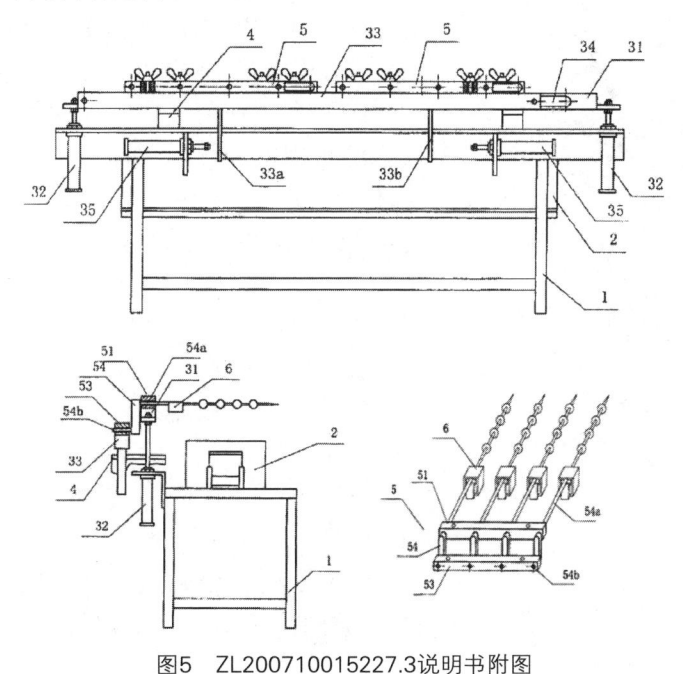

图5 ZL200710015227.3说明书附图

---

① 图片来源：http://blog.sina.com.cn/s/blog_b30ae0f70101b91x.html。

而最接近目前广泛商用的自动烧烤机，则出现在ZL201320121048.9（见图6），其在自动翻转烤串机的基础上，额外配置了晾串架，可以避免肉串中的渗油滴在碳火上产生的大量浓烟。该烤串机还可以在烤串箱下方设置水槽，受热蒸发的水蒸汽可以使得肉串烤熟后肉质更嫩，而且入味更足更香（见图7）。

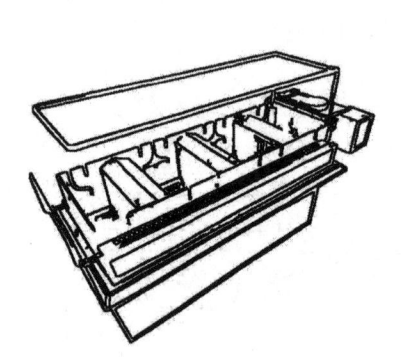

图6 ZL201320121048.9说明书附图

图7 带晾串架自动烧烤机商用产品[①]

自动旋转的烧烤方式可以使得烤串360°受热均匀，既避免了烤焦，还能看到肉串表面的油分不断溢出、气泡迅速冒起随之破裂。听着"嗞嗞作响"的过程，食欲都被完全引燃了，这过程实在太诱人！

热源除了采用炭烤以外，最新的自动烧烤机还采用电加热、黑晶管加热等方式，低烟环保、更加安全可靠。此外，还有立式的（ZL201510396036.0，见图8）、便携式的（ZL201510906274.1）自动烧烤架，以及专门用于烤鱼（ZL201310490383.0）、烤玉米（ZL201120255829.8，见图9）的自动烧烤机。

除了商用、家用以外，户外烧烤当然也是烧烤架的热门需求（见图10）。有了自动翻转设备，小赢出门野餐时就可以美美地边晒太阳，边等着烤串自己烤好，坐等享用美食啦。

无论是观看世界杯球赛期间，还是在炎炎夏日的野餐烧烤，自动烧烤机真不愧是让人尽享烤串美味的一把利器！

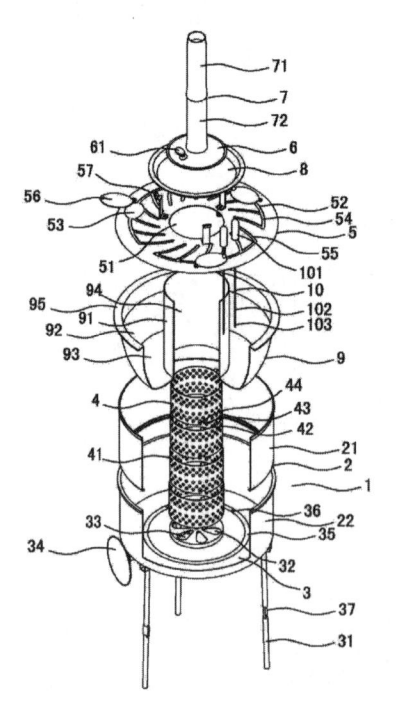

图8 ZL201510396036.0说明书附图

---

① 图片来源：http://cy.2958.cn/news/article/8446.html。

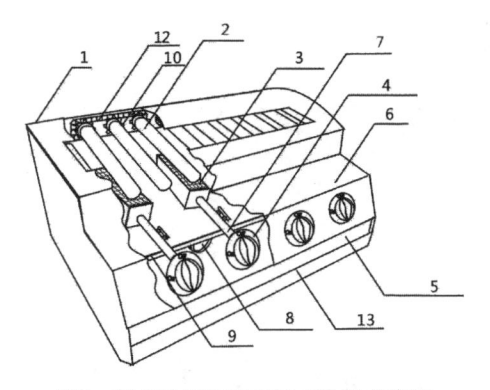

图9　ZL201120255829.8说明书附图

图10　户外自动烧烤架[1]

---

① 图片来源：http://www.lp001.com/xwzx.asp?id=140。

本文作者：
国家知识产权局专利局
专利审查协作北京中心化学部
李蔚慰　程晓奕

·55·

11　耳机插孔，真的很碍事吗？

小赢说：

听说苹果公司（以下简称：苹果）又要召开新品发布会了。你对自己的手机还满意吗？你对新的产品有什么期待吗？你希望手机在硬件方面有什么进步吗？小赢作为一个耳机发烧友，却对苹果取消3.5mm耳机插孔的事情一直表示很不满……

最近，小编靠着几个月省吃俭用，终于趁着各大电商活动的时候"鸟枪换炮"了，从此告别了"手机半天就没电，开个APP等半天"的日子！等等！拥有新手机的喜悦还没消退，小编就发现问题来了：环视手机四周，只发现了一个充电接口，耳机插孔呢？我的耳机到底是要往哪里插？

赶紧上网查了查，对！你没有看错，无论是苹果、三星，还是华为、小米等品牌都陆续取消了手机上的3.5mm耳机插孔。这个改变，对于我们广大用户来说，到底是个好事还是坏事呢？

作为耳机发烧友的我，十几年来的存货，应该怎么处理？

突然发现，再也没法拿着一副耳机分线器，两个人坐在公园里、草地上、地铁上、火车站……一起听着喜欢的音乐，华丽丽地秀恩爱了。当然，单身人士们也不用幸灾乐祸，因为你们也没办法那么容易借助自拍杆假装秀恩爱了。还有就是漫长的旅途中也再也不能一边看着视频听着歌一边握着充电宝坐着车了。

耳机孔到底犯了什么错？各大手机厂商纷纷要把它给取消了。

有人说，是为了提升手机的防水防尘性能。毕竟在这个人手一机、手不离机的时代，手机进水的悲剧几乎时时刻刻都在上演。但实际上，取消耳机孔并不能大幅度提升手机防水防尘的性能，只是在结构层面简化了防水防尘设计的难度。

也有人说，可以提高耳机的音质。可是，我们都知道音质的好坏跟耳机本身的设计有很大的关系，离开了手机上的3.5mm插孔，耳机还是一个耳机，并非改善一个接口就能有很大提升的。

还有人说，如今蓝牙耳机的音质出现了质的提升，并且还有很多方便的操作，至少解除了耳机线缠绕带来的困扰。这样说来，在省吃俭用换来一部新手机之后，还要继续勒紧裤腰带换一个蓝牙耳机吗？

当然，说了这么多，最直接最简单的原因可能只是因为——耳机孔的组件实在是太大了，在如今追求轻薄的手机空间里实在是太碍眼了。

按照这个逻辑，耳机插孔就一定要从手机上消失吗？

似乎并不是哦！节省空间，其实可以有很多办法的。针对这个问题，MICROSOFT TECHNOLOGY LICENSING，LLC.（以下简称微软）给出了自己的解决方案：PLUG RECEPTACLE FOR AN ELECTRONIC DEVICE（US2018/0048086A1）

为了解决标准耳机插孔的尺寸与日益轻薄的手机体型之间的矛盾，微软给出了这么个点子：在需要插耳机的地方设计一个通道，长度与耳机插头相同，不需要使用耳机的时候，通道口是部分闭合的，只留一个容许耳机插头前端扁平部插入的小口，而需要使用耳机的时候，耳机插头前端扁平部插入后，会把通道的顶面或者顶面和底面扩充开来，耳机自然就插进去了。由于通道口平时是闭合的，从而节省了空间。

空口无凭，有图为证（见图1、图2）。

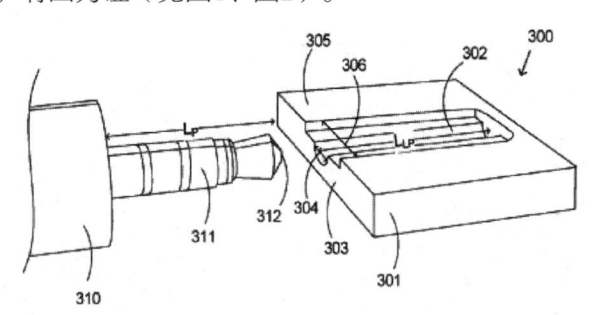

图1　US2018/0048086A1说明书附图1

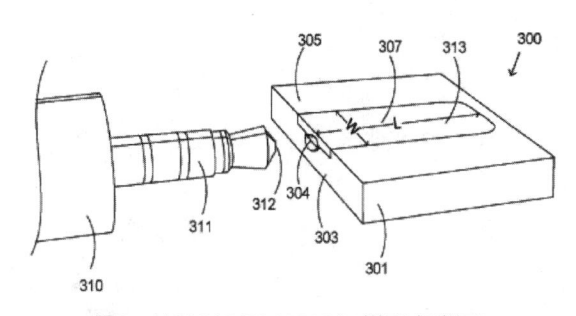

图2　US2018/0048086A1说明书附图2

看一下图1给出的示例，通道302的长度和耳机插头311的长度是相同的，标记312的部分就是耳机插头的前端扁平部了。不用耳机的时候，通道的上盖307是与周围平齐、凹陷或者略微凸出的，随着耳机前端的插入，可活动的上盖307就被顶起，耳机插头就可以顺畅地进入到通道302中了。当然，为了使用更加灵活，也可以设计成上下盖都可以活动的形式，比如像图2这样，上盖407和下盖407′随着耳机插头的插入被分别向上和向下顶出,这样看起来,可以节省的空间就更多了!

当然,办法常常不止一个,也可以用图3的结构来实现。和上面那个方案中通道的形式不同,这个结构(见图4)中有一个导向槽109,不使用耳机的时候,上盖107安静地呆在导向槽109里面,耳机插头插入的时候,上盖107从导向槽109中被顶起,给耳机插头让出了空间。大概是为了要让耳机插入得更顺畅一些吧。

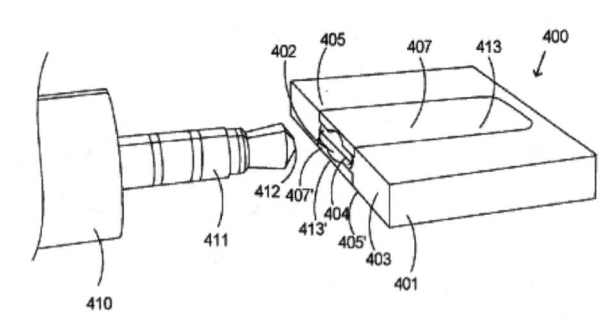

图3　US2018/0048086A1说明书附图3

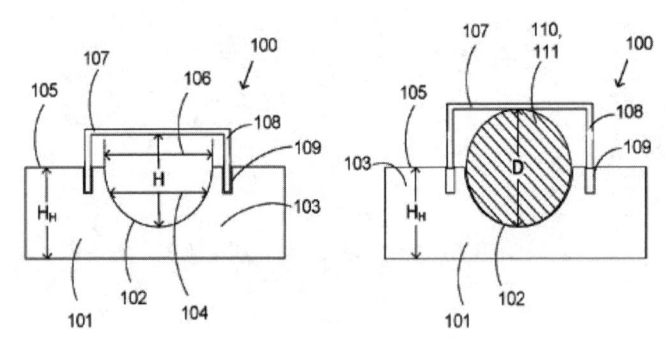

图4　US2018/0048086A1说明书附图4

和上面那个方案一样,这种结构也可以设计成上下都活动的形式(见图5),从而节约更多的空间。

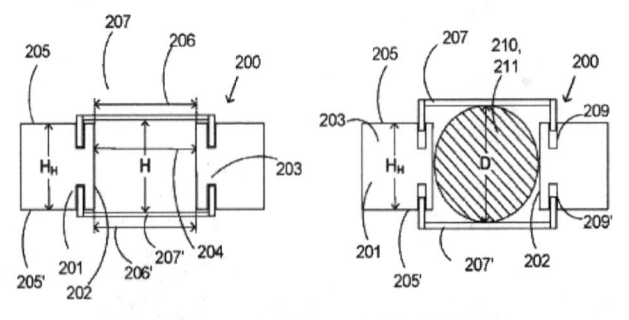

图5　US2018/0048086A1说明书附图5

·58·

盖子被耳机顶开了回不去怎么办，不就又变成凸起的插孔了吗？当然有办法解决，再看看另一种不同的设计（见图6），还可以通过加装一个返回部件617，使得不使用耳机时，上盖607可以迅速返回原始位置。这个返回部件617可以是弹簧等弹性材料，也可以是磁铁等磁性材料，总之能让它迅速回位的东西都可以。那插耳机的时候力气太大了怎么办？会不会把上下盖子顶飞了？别担心，这些问题发明人都想到了：设置一个阻止件615（见图6），可以防止上盖607活动的太剧烈，从手机上跑出去了……

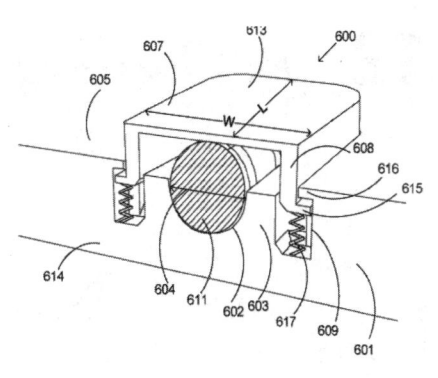

图6　US2018/0048086A1说明书附图6

可以说，微软为了这个耳机插孔，也是操碎了心了。作为一个暂时不生产手机的厂商，微软可以说是很负责了，不知道这些耳机重度依赖症患者们，你们还满意吗？

本文作者：
国家知识产权局专利局
专利审查协作北京中心电学部
丁冉

12　从1982年的拉菲全面开讲葡萄酒知识

> **小赢说：**
> 国际葡萄酒及烈酒研究所（IWSR）根据最新市场调查预测：中国将在未来三年内超越英国，成为继美国之后的全球第二大葡萄酒消费市场。您是否有和小赢一样的感受：身边喝葡萄酒的人越来越多了！那就来学点葡萄酒知识吧！

又是一年葡萄成熟的季节，吃货们眼前浮现的是一串串诱人的葡萄。然而，作为一名合格的吃货，除了吃葡萄外，怎么能少了香醇的葡萄酒呢？"法国悖论"使得葡萄酒成为了注重养生人们眼中的焦点。我国古代医学家很早就认识到了葡萄酒的滋补、强身的作用，并有"葡萄酒益气调中、耐饥强志""暖腰肾、驻颜色、耐寒"等记述；红葡萄酒中丹宁和山梨酸钾则有助于胆汁和胰腺的分泌、帮助消化；抗氧化物质的存在更赋予了葡萄酒在美容养颜方面的盛誉。

"疯狂"的1982年拉菲

有这样一款红葡萄酒，在影视作品中一次又一次的被提到：

- 赌神发哥（周润发）用它来助兴："来一瓶82年的拉菲……"
- 古仔（《单身男女》上市公司高管，古天乐饰演）拿它来泡女神："开瓶82年拉菲！拉菲至少醒两个小时，吃完甜品再说……"只不过，配餐喝酒的顺序都错了，高档红葡萄酒最忌与甜品搭配，当味蕾被甜品占据时，再喝时能感觉到的那就是醋一般的极度酸爽！
- 杜琪峰《放逐》里的澳门古惑仔"蛋卷强"用它来炫富："我漱口都是82年拉菲，蜜桃红算什么！"
- 老刑侦"关队"用它来给学生上课："你知道现在一瓶82年的拉菲酒市价是多少钱吗？"

说了这么多，估计你也知道了：它就是1982年的拉菲。这个已经37岁的家伙，身价一再蹿升，可以说已经被捧到了"疯狂"的程度，一度成为成功人士身份和金钱的象征。

那么1982年到底发生了什么？是什么造就了传奇的1982年拉菲？

众所周知，拉菲古堡（Chateau Lafite Rothschild）是世界上有名的顶级酒庄，在1855年波尔多分级的一级名庄［还有著名的拉图（Chateau Latour）、玛歌（Chateau Margaux）和奥比昂（Chateau Haut-Brion）］中，拉菲古堡独占鳌头，其出产的拉菲是享誉世界的法国波尔多葡萄酒之一，是法国红酒的代表。而1982年的拉菲可以用"伟大"来形容。之所以这么说，可不仅仅是因为影视剧里的宣传和国人的推崇，而是这款酒占尽了天时地利与人和，所谓时势造英雄也不为过。1982年对于法国的波尔多绝对是一个好的年份。好到什么程度呢，一句话，那一年的葡萄成熟度达到了近乎完美的状态。俗话说，"七分原料，三分酿造"，在注重"风土"的旧世界葡萄酒酿造国，如此完美的"世纪年份"并不多见，多个产区的多个不同级别葡萄酒佳酿都获得满分，它标志着波尔多葡萄酒现代时期的开始，是空前绝后的，成为波尔多的"传奇年份"。而罗伯特·帕克（Rorbert Parker）更是给予了1982年的拉菲古堡干红满分的完美评价——"1982年波尔多葡萄酒是20世纪最佳年份之一，当年的葡萄酒果香浓郁，单宁柔和，陈酿初期已经非常具有活力"。这一经典之谈赌上了罗伯特·帕克一生的信誉，他因此一举成名，从一名籍籍无名的葡萄酒爱好者成为了全球最具影响力的一代品酒大师，1982年的拉菲也因此名声大振。

不过，与其每天幻想喝到传奇，不如和小赢一起来了解一下葡萄酒的知识。

葡萄酒王国新旧世界的博弈

初次接触到葡萄酒的朋友们一般都会听到这样的两个关键词——"旧世界"和"新世界"。基于历史和地理上的因素来划分，葡萄酒王国可以大致分为"旧世界"和"新世界"这两大领域。

旧世界主要以欧洲大陆的几个国家（如法国、意大利）为代表，他们均属于传统葡萄酒生产国，拥有上千年的酿造历史。而新世界则是除了欧洲之外的新兴葡萄酒生产国，以澳大利亚、美国、南非等为代表，这些国家酿造历史普遍不长，一般规模生产只有几百年。

当然，葡萄酒的新旧之分并不仅仅表现在酿造历史的"古老"和"年轻"，两者在酿造工艺、法律法规、命名以及口感风格方面均存在较为明显的差异。旧世界葡萄酒酿造国沿用传统工艺和酿造方法，风土、产区、完美的葡萄酒法律法规是旧世界葡萄酒的核心内容，尤其是由法国最早实行的"原产地命名控制"制度（Appellation d'Origine Controlee，AOC，见图1）影响了全世界，有效地控制了葡萄酒的原产地和质量。原产地命名也是旧世界葡萄酒命名的显著特点。

以1982年的拉菲古堡干红为例：酒标正标中"CHATEAU LAFITE ROTHSCHILD"表示的就是酒名，译为拉菲古堡；在其下方"PAUILLAC"则代表该葡萄酒的产区信息，即波雅克产区，它是法国波尔多左岸的上梅多克产区，以出产优质的红葡萄酒闻名遐迩于世界；

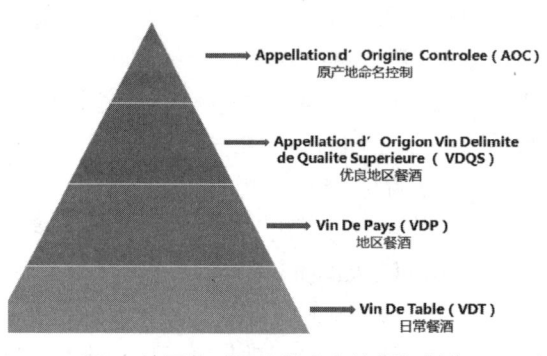

图1 法国的"原产地命名控制"制度

"APPELLATION PAUILLAC CONTROLEE"（即AOC）则是该葡萄酒的等级，代表着其为法国最高等级的"原产地法定产区"葡萄酒，书写方式为APPELLATION +产区（PAUILLAC）+ CONTROLEE。"原产地+产地+配合"共同展现出了"拉菲古堡干红"作为法国著名的一级酒庄拉菲古堡生产的AOC法定产区葡萄酒优异的品质，葡萄采摘年份1982年则进一步展现了这瓶酒的与众不同。

相对于旧世界葡萄酒以"风土"为傲，新世界葡萄酒则精于技术。新世界葡萄酒酿造国在葡萄酒酿造以及葡萄种植栽培方面更崇尚现代化技术的应用。因为不局限于法定的产区以及品种的限定，其在葡萄的种植区域以及品种的选择上更具有自由性，酒标上出现的葡萄品种名则是酿制该葡萄酒最主要的品种。常用的葡萄品种有单宁强壮、香气浓郁的赤霞珠（Cabernet Sauvignon）、天鹅般柔软的梅乐（Merlot）、果香柔和细腻复杂的霞多丽（Chardonnay）、具有荔枝般水果香气的琼瑶浆（Gewurztraminer）等。当你在市场上看上一瓶标着"YAO MING Cabernet Sauvignon Napa Valley"的葡萄酒的时候，没错，那就是说明你要买的就是一瓶产自美国加州纳帕谷并以赤霞珠为主要原料的葡萄酒，老板就是姚明！

而在口感和品质方面，旧世界葡萄酒口感优雅醇厚、风格内敛丰富，新世界葡萄酒则口感饱满圆润、风格热情开放。如果把旧世界葡萄酒比喻成一名优雅内敛的大家闺秀，那新世界葡萄酒则更像是一位热情率真的邻家小妹，能带给你最直接的感官享受和平易近人的舒适感觉。

中国葡萄酒作为新世界葡萄酒的崛起

说了这么多，中国葡萄酒属于旧世界还是新世界？"葡萄美酒夜光杯，欲饮琵琶马上催"，优美的诗句见证的不仅是中国历史的源远流长，还有悠久的葡萄栽培历史，连绵不断、光辉灿烂的中国葡萄酒文化[①]。但由于没有形成体系，中国并不是葡萄酒的旧世界国家。从历史的角度来看，中国其实也并不属于传统意义上的新世界产酒国。但是由于现代葡萄酒产业起步晚，以及随着中国葡萄酒产量的大幅增长，中国葡萄酒越来越多地被贴上了新世界的标签。

作为中国葡萄酒企业的代表，长城和张裕都曾生产了国家重要会议的指定用酒：北京奥运会、"一带一路"国际合作高峰论坛，都有长城葡萄酒的身影；而上海世界博览会欢迎宴会上，出现的则是张裕的两款珍藏级赤霞珠和珍藏级霞多丽葡萄酒。两家企业在"国宴"上的优异表现也得到了国内外消费者的进一步认可。

酿酒实际上也是一件很有技术含量的事儿，两家"国宴"级别的公司在酿酒技术上都申请了很多专利。

1. 葡萄品种选用方面

长城采用了不同的葡萄品种进行葡萄酒的酿造，酿造的葡萄酒类型十分丰富（见表1）。

表1　专利申请中的长城葡萄酒类型及葡萄品种

专利号／公开号	葡萄酒类型	葡萄品种
ZL200710106059.9	甜白葡萄酒	琼瑶浆葡萄
CN101735912A	干白葡萄酒	长相思葡萄
CN101735913A	干红葡萄酒	西拉葡萄
CN101735914A	干红葡萄酒	蛇龙珠葡萄
CN101831367A	干红葡萄酒	普通葡萄品种
ZL201210120992.2	低醇低泡甜白葡萄酒	泽山葡萄
CN103146520A	桃红葡萄酒	增芳德葡萄
ZL201410170232.1	甜白葡萄酒	小芒森葡萄

对应上述的专利或专利申请，长城有着丰富的产品线，保证了舌尖上的不同感受。如果想体验小酌一杯的甘醇，可以来杯琼瑶浆甜白；如果不喜酒精和气泡葡萄酒的酸度，可以来杯低醇低泡白；如果想喝又想开车，可以来杯零度干红。

张裕选用的葡萄酒品种也很多，同时也注重产品类型的外延。从专利角度看，张裕也布局了：适宜妇女等不善饮酒的群体的低醇葡萄酒（ZL2004100

---

① 李华，王华. 中国葡萄酒[M]. 杨凌：西北农林科技大学出版社，2010：2-24.

35578.7）；保留了清新水果原味的果香型干红葡萄酒（ZL201510663184.4）；加汽和果味葡萄露酒（CN106635593A）。

2. 酿造工艺方面

长城在葡萄压榨过程中，采用惰性气体保护低温两次泄压工艺，提高了酒香的清新浓郁度（ZL201210120992.2）。通过延迟葡萄采收期、冷浸渍工艺，以及葡萄醪带皮渣控温发酵技术，突破了冷浸渍及带皮渣发酵的传统工艺，有效解决了中低端甜白葡萄酒酿造带来的单宁弱、醇厚感差、酒体单薄等问题（ZL201410170232.1）。

张裕通过回收葡萄皮渣中的香气成分和酚类物质，添加到干白葡萄酒中，提高葡萄利用率的同时增加了葡萄酒的香气和浓郁度（ZL201210004940.9）。采用去除果梗、加热、真空负压法的破碎浸提技术、发酵前添加支链氨基酸、清汁低温发酵等工艺，增加了葡萄酒的果香浓郁度和复杂性（ZL201510533033.7）。

另外，值得一提的是，被誉为"中国葡萄酒行业知识产权第一案"的"解百纳商标案"将张裕葡萄酒推到了风口浪尖上。这起牵涉国内多家葡萄酒企业的商标之争，最终以"解百纳"花落张裕而告终。同时经商标评审委员会主持调解，张裕集团许可中粮酒业有限公司、中粮长城葡萄酒（烟台）有限公司、中粮华夏长城葡萄酒有限公司、中粮长城葡萄酒有限公司、中法合营王朝葡萄酿酒有限公司及山东威龙葡萄酒股份有限公司等6家公司无偿和无限期地使用该商标，其他葡萄酒生产经营企业不得再使用"解百纳"商标[1]。自此，"解百纳"商标案尘埃落定。这起案件从一定程度上引起了葡萄酒行业的高度重视，也为葡萄酒企业在保护自身知识产权、打造核心产品、成就品牌运营能力方面提供了借鉴和启示[2]。

相信以两家企业为代表的中国葡萄酒企业，潜心研发，提高品质，注重自身知识产权保护定能赢得世界的认可，锚定广阔的未来。

小赢教你如何挑选葡萄酒

新旧世界葡萄酒孰优孰劣难以辩明，只能说各有千秋、难分伯仲。选择什么样的葡萄酒，最终还是要取决于你偏爱的口味，还有葡萄酒的用途。如果你想独自小酌，偏好层次丰富的优雅与稳重，不妨来一杯旧世界的葡萄酒来品味历史的

---

[1] 谭憨憨."解百纳"商标争议案评析[D]//中国优秀硕士学位论文全文数据库 社会科学I辑，2011：G117-72.

[2] 唐文龙.解百纳商标案例的启示[J].中华酒，2008：22.

传承；但如果你想和朋友小聚，那么不妨来一瓶口感清爽、果香浓郁的新世界葡萄酒来体会时尚的潮流。

随着时代的发展，新旧世界之间的差距越来越小。而除了新旧世界的分类外，葡萄酒还有其他的分类，比如颜色、工艺、糖分，等等。不管是清丽秀美的桃红葡萄酒，还是神秘浪漫的香槟，抑或是冰雪后的收获（冰酒），还是灰烬里的惊喜（贵腐），都可以是你最好的选择。有的时候甚至无关于价格、无关于年份、无关于产地，那仅仅是因为一种情怀。

心动不如行动，让我们来选一款自己喜欢的葡萄酒吧！当然，如果你不屑于当土豪，喝点咱自主品牌的葡萄酒也是相当不错的选择，Cheers！

本文作者：
国家知识产权局专利局
专利审查协作北京中心医药部
冀敏

13　北京城市轨道交通列车车头设计之美

> **小赢说**：
> 　　对于北京的上班族，城市轨道交通往往是保证通勤时间的首选。在等待列车进站时候，除了瞄着车厢内的空座、感受到列车进站时呼啸而来的那一阵风（学名：列车风）以外，你是否关注过列车车头的设计呢？如果没有，那就让小赢带你从外观设计专利的角度一起来鉴赏北京城市轨道交通列车车头的设计之美。

　　在我国，城市轨道交通列车的车体绝大多数采用的是标准化设计。北京的城市轨道交通列车的设计和制造则大部分出自中车四方机车车辆股份有限公司、长春轨道客车股份有限公司和北京地铁车辆装备有限公司这三家公司。每条轨道交通线路上的列车会根据客流预测量、线路技术因素等确定车辆的限界（主要指车辆的宽度和高度）以及编组数。在车型已经基本确定的情况下，主机厂能发挥设计天赋的空间基本就在车头以及车厢内外的装饰方面了。所以认识了列车车头的设计之美，你也就认识了城市轨道交通列车的美。

图1　北京地铁1号线列车[①]

　　单从轨道交通列车车头的结构上来说，现代城市轨道交通列车车头主要是由前挡风玻璃、A柱、面罩、显示屏幕与车钩罩组成，必要的时还会设计有保险杠（见图1）。

　　与大型城市间高速动车组列车的运行速度不同，城市轨道交通列车由于其短站距的特质，运行的速度一般控制在80~90km/h，因此，其列车车头并不要求像高速动车组列车车头一样，为追求卓越的流体力学性能而设计成"子弹头"造型，所以我们日常生活中所见到的城市轨道交通列车车头很多都是"方方"的造型。要知道，具有流线曲面"子弹头"造

---

① 图片来源：https://graph.baidu.com/resource/1113bdee08b7e32d40c7201561374701.jpg。

· 66 ·

型的车头，无论对材料性能，还是对加工工艺的要求，都比"方方"造型的车头严格得多。

另外，城市轨道交通列车车头还兼具司机室的功能，因此其前窗的倾角、大小和布置也是车头设计中需要考虑的因素。

随着工业的发展、科技的进步，城市轨道交通列车车头的设计中也不断融合了时代精神、艺术美学、城市特色以及新的技术手段。并且列车也将所运营的线路和城市文化特点相结合，在车头设计上发挥出更多的特色。

随着城市化进程的扩大，城市轨道交通也从单一的地下地铁运行方式，转变为地面轻轨的运行方式。而随着这一进程的加速，将会有更丰富的方式融入城市轨道交通系统，如北京新机场线轨道交通，其列车速度高达160Km/h，2019年9月开通运营。

现在北京的老百姓已经将城市轨道交通都统称为"地铁"了。但是，对于设计师而言，不同的运行方式，对于列车车头的设计理念却是不同的。

主要在隧道中运行的列车车头设计

以2014年通车的北京地铁7号线（见图2）为例，由北京地铁车辆装备有限公司设计，相关专利号为ZL201430294464.9（见图3）。7号线列车全程在隧道运行，因此车头和车体都采用了明快的黄黑配色。在形状的设计上，由于列车在隧道中运行时的外流场与明线上运行时不同，列车在头部最前端较平，因此视觉上来说，列车车头更"方正"。而"前脸"作为车头部分最主要的设计面，方正的前窗与矩形的车灯和显示屏，都与其整体风格做到了统一。

图2　北京地铁7号线列车[①]　　　　图3　7号线列车车头专利图

同时，在隧道中运行的列车，在车头的设计上要更加注意安全预警的功能，这就是很多列车车头前脸都设计有车门的原因（我猜你会翻看图3，对，你没看

---

① 图片来源：www.qianlong.com。

错,那是车门,并不是黑色线框)。这个车门并不是普通的方便列车司机上下车的车门,这是在紧急情况下用于疏散乘客的车门。如果列车在隧道中发生故障或遇到事故,在侧面距离隧道壁很近的情况下,乘客最好的逃生方式是在关闭牵引电源的情况下,从车头或者车尾进行疏散。试想一下高速列车"子弹头"前端狭小的空间,就能明白,"子弹头"造型的车头在这种隧道运行的环境中并不实用。

另外,从经济性的角度来看,"方方"的车头设计能更有效地利用空间,缩减地铁站台的占用空间,最大限度地提高列车的载客量和节省车站站台的修建成本。

所以,来看看这些主要在隧道中运行的线路的车头设计,是否都符合小赢介绍的设计理念呢?

北京地铁10号线上运行的轨道交通列车(见图4),由长春轨道客车股份有限公司设计,相关专利号为ZL200730103086.1(见图5)。

图4 北京地铁10号线列车[①] 　　图5 10号线列车车头专利图

北京地铁5号线上运行的轨道交通列车(见图6),由长春轨道客车股份有限公司设计,相关专利号为ZL200730103087.6(见图7)。

图6 北京地铁5号线列车[②] 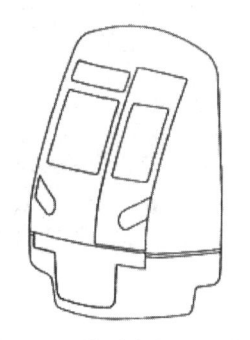　　图7 5号线列车车头专利图

---

① 图片来源:www.bjsubway.com。
② 图片来源:www.xinhuanew.net。

主要在地面上运行的列车车头设计

以资历最老的北京八通线上运行的轨道交通列车（见图8）为例，由中车四方机车车辆股份有限公司设计，相关专利号为ZL200630316007.0（见图9）。在地面的运行环境需要更醒目的配色，红白配色就是一种不错的选择。在车头的形状的设计上，由于不存在地下隧道运行的列车疏散困难的情况，因此，在车头部分一般不设计疏散门。在这个前提下，地面运行的列车车头就没有那么"方"了。同时，兼顾到外流场运行环境中空气动力学等因素对列车运行平稳性的影响，列车车头采用约45°的前窗倾角流线造型。从整体视觉效果上看，车头整体显得更为"圆润"。

图8 北京地铁八通线列车[①]　　图9 八通线列车车头专利图

再来看看其他地面运行为主的线路的列车车头，是否也符合上述的特点。

北京地铁亦庄线列车（见图10），由长春轨道客车股份有限公司设计，相关专利号为ZL201130384239.0（见图11）。

图10 北京地铁亦庄线列车[②]　　图11 亦庄线列车车头专利图

北京机场线列车（见图12），由长春轨道客车股份有限公司设计，相关专利号为ZL200730103085.7（见图13）。

---

① 图片来源：http：//5b0988e595225.cdn.sohucs.com/images/20181211/66549dd7bf9746c985008a2b6baebf74.jpeg

② 图片来源：https：//graph.baidu.com/resource/1114478b4dd5c5b222ede01561374807.jpg。

图12 北京地铁机场线列车[①]

图13 机场线列车车头专利图

结语

当然，北京的城市轨道交通运营列车众多，车头的设计也多种多样，在明白了小赢介绍的设计理念之后，来看一张全家福（见图14）。这下，对于你经常乘坐的那趟线的列车车头，能对号入座了吗？

图14 北京轨道交通车辆全家福

本文作者：
国家知识产权局专利局
专利审查协作北京中心外观部
何莹

[①] 图片来源：pic.c.carnoc.com。

第二章 文体先锋

创意生活
话专利

14　带你在羽球江湖起飞

小赢说：

有人的地方，就有江湖
有球的地方，就有江湖争斗
闪转、腾挪，需要打出节奏

羽毛球场上，你得起飞、暴扣
飞起来的关键，它不全在肌肉
小赢为你答疑，let's go

想减脂吗？想塑形吗？来打羽毛球吧！羽毛球是一项老少咸宜、可柔可刚的运动。它是有氧和无氧的结合，既能锻炼全身的肌肉，又具有极好的趣味性和对抗性。

在球类运动中，羽毛球是一项对脚下功夫要求相对较高的运动，运动员需要左突右闪、满场飞奔，急停、快速启动、急速转向、交叉步等各种动作轮番上演，还要在移动击球中进行频繁的蹬跳。在这些过程中，脚掌、脚踝和膝盖等身体部位都承受着巨大的压力，极易出现伤病。你可曾有过这样的困扰？

为了避免在羽毛球运动中受伤，一双好的羽毛球鞋是必不可少的。跟其他运动鞋的功能性不太相同，专业的羽毛球鞋必须具备良好的防滑性、缓振性、保护性和耐磨性等。且听小赢为你一一道来。

·防滑性：羽毛球场地一般都有专用的塑胶场地，目前较好的鞋底材料多为EVA材料和防滑橡胶，并在鞋底上设置一定的图案和纹路。

·缓振性：这是羽毛球鞋一个很重要的性能要求。外韧内软的鞋底有助于提高启动速度和缓冲性能，在脚部落地的时候能有效吸收振动，并将振动转化为能量。

·保护性：这几乎是羽毛球鞋最重要的功能了。羽毛球运动过程中侧向移动很多，好的羽毛球鞋必须对脚掌、脚踝、足弓等具有良好的保护作用，保证运动过程中产生的形变小，降低脚踝扭伤等风险。如果没有这些保护措施，在巨大的瞬时作用力下极易发生脚扭麻花的情况。什么？脚扭麻花？后果你能想象吗？

为了给运动员提供专业的保护，几大羽球厂商可谓各显神通。且让小赢来解读一下几大羽鞋厂商的专利技术。

先看看国产著名品牌——李宁。李宁体育（上海）有限公司进军羽毛球领域虽然比较晚，但是随着品牌知名度的提高，以及自有技术的开发，李宁体育的羽毛球产品在国内已经占据很大的份额，其品牌也已经深入人心了。

还记得2010年广州亚运会上，"超级丹"力克李宗伟夺取羽毛球男单冠军实现全满贯，激动的林丹将球拍和鞋扔向看台上的球迷吗？这一扔不要紧，当时网上有近百人声称自己捡到了"超级丹"的鞋子，甚至有人愿出重金求购另一只鞋。

真是奇货可居呀，来看看这双鞋有什么特别之处吧（见图1）。

细心的"蛋粉"一定会发现这双鞋最醒目之处在于脚踝处有一个"X形"设计。别以为这个"X"只是为了突出外观，其实它的作用不容小觑呢。李宁体育早在2009年就这项发明申请了专利并获得授权（ZL200920072516.1）。

图1 林丹在2010年广州亚运会扔向看台的鞋子[①]

经过分析发现：该专利技术在羽鞋的足背和两侧以及阿基里斯腱附近一直延伸到大底的位置设置了一个X形保护构件（见图2），该结构可提供良好的侧向支撑，防止崴脚，还可减轻对足背的压力，防止脱跟。

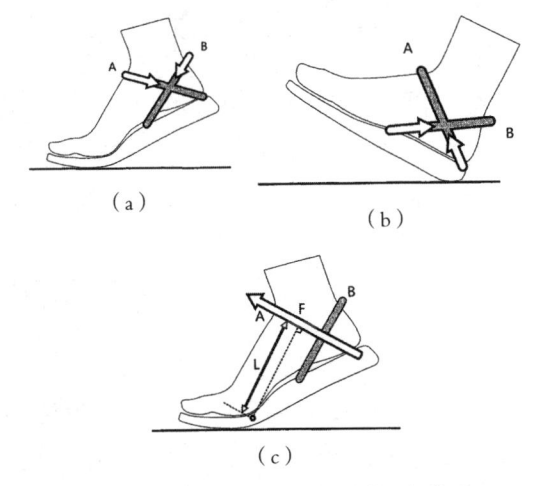

(a)　　　(b)

(c)

图2　ZL200920072516.1说明书附图

---

① 图片来源：https://www.sohu.com/a/116518987_458187。

李宁体育给该系列羽鞋起名叫"贴地飞行",也曾是中国羽毛球国家队专属战靴。

日本的尤尼克斯(YONEX)公司长期在羽毛球领域有较好的产品和口碑。大名鼎鼎的动力垫技术(POWER CUSHION)目前广泛应用于YONEX中高端羽毛球鞋中(见图3)。

图3 POWER CUSHION示意

关于动力垫技术,YONEX公司早在1999年就已申请了发明专利(JP特开2001-128707A):在羽鞋中底的前掌和后跟位置加入了动力垫材料(见图4),该动力垫材料由质量分数为60%~80%的乙烯-辛烯共聚物和质量分数为20%~40%的乙烯-乙烯乙酸酯共聚物制成。只是该专利申请在时隔十年后被日本专利局驳回。

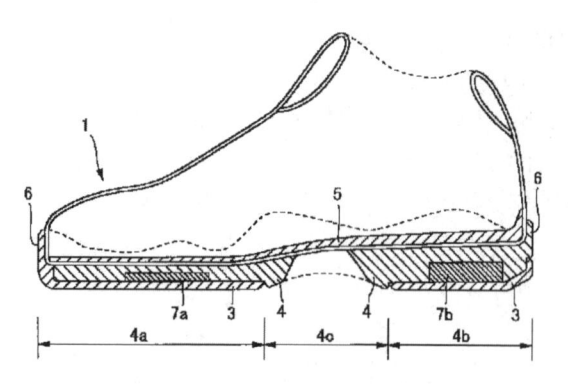

图4 JP特开2001-128707A说明书附图

曾有多位著名运动员见证了动力垫的奇妙之处:即使生鸡蛋从高处自由落体于动力垫材料上,不仅蛋壳完好无损,还能被巧妙地反弹至高处。

可想而知该材料用在运动鞋上必然能有效减少脚底的振动,大幅消减肌肉和关节的疲劳及损伤,获得直接的反弹力,将更快的速度、更多的能量传送给脚步的移动。

之后的若干年,YONEX公司又相继推出了动力垫+、全掌动力垫和三层复合动力垫的概念,也都来自于对该技术的进一步改进。即使已经过去了二十年,动力垫及其相关技术也依然称霸羽鞋领域。

YONEX公司的另一项国际专利申请WO2007091599A,在中国也已授权公告(ZL200780008515.4),该专利集成了YONEX羽鞋的多项技术(见图5)。

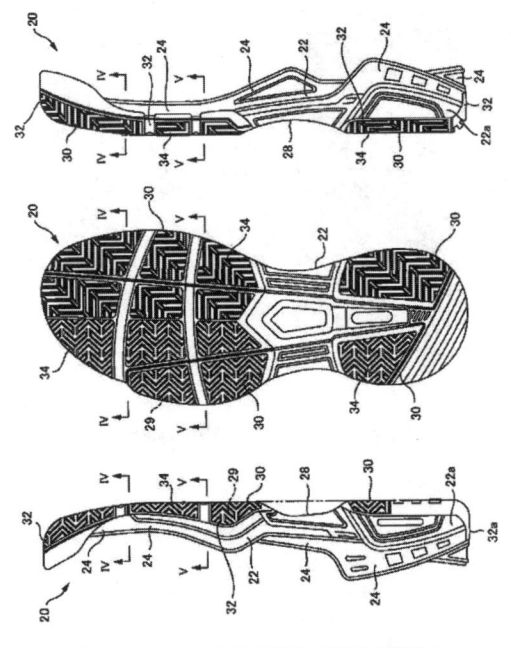

图5 ZL200780008515.4说明书附图

该技术中，鞋外底由橡胶或树脂制成，确保抓地力；中底由树脂泡沫体制成，以加强其缓冲性；在中底的后根部和前足部之间设置一个向上弯曲的弓形垫（脚弓支撑连接桥设计）。在中底外缘位于弓形垫前方的小脚趾部位，设置有一个一体成型向外突出的加厚部分（脚趾保护设计），该加厚设计可消除脚趾头受到的压力，提供舒畅的包裹感，将重心和能量转移到大脚趾，在加快步伐时脚部也不会觉得疼痛。这也是YONEX羽鞋中护趾壳（Lateral Shell）概念的来源。

胜利体育事业股份有限公司，也是较早进军羽毛球市场的厂商之一，其产品也占有较大的市场份额。其专利TW1459910B公开了在羽鞋中底下方的限定框中包含一个由较硬弹性材料制成的支撑块（即俗称的"加强块"或"加强筋"），可提供较佳的支撑力和恢复力。在中底后端的位置设置了一个凹陷区，用于容置缓冲块，可吸收运动时产生的冲击力以达到吸振的效果（见图6）。

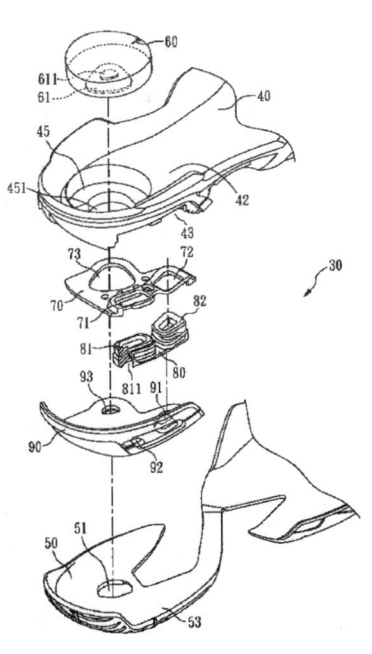

图6 TW1459910B说明书附图

目前羽鞋中的加强块多由碳纤维和环氧树

脂复合材料制成，即俗称的"碳板"或"碳素鞋弓"（见图7）。该碳素材料具有重量小、强度大的特点，同等重量下强度是钢的四倍，可极大地增强鞋的稳定性，避免运动时造成的扭曲。其实碳板的使用并不是羽毛球鞋的专利，最早由锐步引入篮球鞋中，之后被耐克发扬光大。

图7 碳板示意图

羽球江湖，始于足下。羽毛球运动的发展和繁荣，离不开运动装备的创新和升级。无论专业运动员，还是业余爱好者，都在选择适合自己的"七彩祥云"。选一双合适的羽鞋，披上你的战袍，拿起你的战拍，约起来吧！

本文作者：
国家知识产权局专利局
专利审查协作北京中心化学部
姜小青

15 详解改变世界杯历史的VAR技术

> **小赢说：**
> 如果没有VAR，俄罗斯世界杯的十六强对阵将发生巨大的改变，西班牙、法国、瑞典不会拿小组第一，德国也很可能会出线……。能改变世界杯历史的VAR，究竟是怎样一种技术？让我们来详细解读。

引言

俄罗斯世界杯的小组赛，一共判罚了24个点球，远超此前的记录——18个。对于数量上涨的原因，大家都有普遍的共识：因为使用了VAR技术（见图1）。

图1　VAR技术[①]

先来回顾一下北京时间2018年6月16日晚，俄罗斯世界杯C组法国VS澳大利亚的比赛第55分钟，法国队前锋格列兹曼突入禁区后被绊倒，裁判观看了VAR后判罚了点球。这是世界杯历史上首次借助VAR技术进行的点球判罚（见图2）。

赛后，有法国球迷感言："感谢高科技，否则法国不会2∶1胜出，而可能会0∶1爆冷告负。"（小赢注：法国队另一进球是通过门线技术判罚有效的。）

---

① 图1、图3~图7来自国际足联官方网站 www.fifa.com。

图2 首次利用VAR技术在世界杯判罚点球[①]

现代科技在世界杯中的应用

误判一直是足球比赛不可避免的一部分,在世界杯中也不能幸免。远到马拉多纳的"上帝之手",近到2002年韩日世界杯西班牙、意大利含冤出局,再到2010年南非世界杯兰帕德的门线冤案,在科技如此发达的今天,人们开始反思:科技的进步是否也应该运用到足球比赛中。

直到2014年巴西世界杯,"门线技术"(Goal-line technology,GLT)终于首次应用于世界杯。在比赛中如果足球越过门线,GLT系统会在1s内发送一条加密的无线电信号至裁判员的手表上。该技术还能提供多角度的3D画面,以满足赛中和赛后直播和录播的需求。门线技术在巴西世界杯取得了成功,可它仅能解决进球判定的问题,对于更加复杂和不确定的争议情况如越位、假摔、红黄牌的裁定等则无能为力,这需要借助更加强大的视频助理裁判系统,也就是今天我们要讨论的VAR技术。

前任国际足联主席布拉特一直是VAR技术的反对者。他认为科技的进步会减少足球的魅力。前任欧足联主席普拉蒂尼同样对VAR持反对态度,他认为足球应该依靠人类自己的力量,并且警惕"科技以此为开端渗入绿茵场"。值得玩味的是,以上两位足坛大佬皆因腐败问题于2015年12月21日,经国际足联道德委员会官方确认,被禁止参加足球事务8年。新任国际足联主席因凡蒂诺,作为史上最年轻的国际足联主席,一直是VAR技术的推崇者。自2016年2月上任以来,他开始大力推广VAR技术的应用,并致力于将VAR技术引入世界杯。

---

① CCTV5、优酷网俄罗斯世界杯转播画面视频截图。

什么是 VAR 技术？

VAR是Video Assistant Referee，即视频助理裁判系统的缩写。VAR裁判团队包括一个视频助理裁判（简称VAR）和3个助理（简称AVAR1、AVAR2、AVAR3），其中VAR负责观察球场上方的主要角度，还可以回看4个不同的视频角度，并且负责与现场裁判沟通联系；AVAR1负责观察主要的摄像角度，并且在需要回看录像时通知VAR；AVAR2负责分析越位角度，主要工作是判断越位争议；AVAR3则专注电视节目的反馈，辅助VAR分析意外事件，确保VAR和AVAR2在越位判罚中有良好的沟通（见图3）。

除了4个视频裁判，VAR团队还需要4名录像回看的操作员，他们将会提供最佳的角度。其中2人负责提前选择最佳的角度，另外2人则选出由VAR和AVAR2通过分析得到的最佳角度。也就是说，每场世界杯比赛的VAR团队有多达8人在同时工作[①]。

VAR
The VAR watches the main camera on the upper monitor and checks or reviews incidents on the quad-split monitor. He is responsible for leading the VAR team and communicating with the referee on the field of play.

AVAR1
The AVAR1 concentrates on the main camera and keeps the VAR informed about live play if an incident is being checked or reviewed.

AVAR3
The AVAR3 focusses on the TV programme feed, assists the VAR in evaluating incidents and ensures good communication between the VAR and AVAR2 located at the offside station.

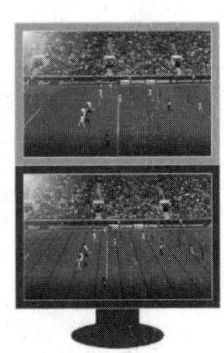

AVAR2
The AVAR2 is an assistant referee located at the offside station. He anticipates and checks any potential offside situations to speed up the VAR check and review process.

图3　VAR的具体组成

VAR 的争议之声

VAR是科技发展的产物，然而从它诞生之时就一直伴随着争议之声。

支持者认为，VAR能够帮助裁判有效减少误判和漏判，让足球比赛更加公

---

① 国际足联官方网站 www.fifa.com。

平公正。如果当初有了VAR技术，就不会有马拉多纳的"上帝之手"，也不会有2002年世界杯西班牙、意大利的含冤出局。

反对者则认为，足球运动最大的魅力在于比赛的流畅性和不确定性。但是，每次VAR的使用都会较长时间打断比赛，这严重伤害了比赛的流畅性。同时，反对者也指出，即使VAR是公平的，但选择看不看VAR的大权在主裁判手里。主裁判选择什么时候看、对哪些情况看，将严重影响比赛进程。反对者还搬出了俄罗斯世界杯英格兰小组赛时对阵突尼斯的例子。上半场，英格兰队的沃克尔因为禁区内的一次犯规，裁判判罚了点球，突尼斯队凭借点球将比分扳成了1∶1。但是，下半场开始不久，英格兰队前锋凯恩在对方禁区争角球时被防守队员抱摔，英格兰队员纷纷要求裁判回看VAR，但遭到了主裁判的拒绝。

事实上，在过去的两年中，VAR技术已经在德甲、意甲、中超等联赛以及联合会杯、世俱杯等赛事中进行了试验性应用。在取得了一定效果的同时，也存在VAR破坏比赛连续性、裁判主观影响、VAR的应用时机等争议问题。

的确，根据国际足联的规定：比赛中只有主裁判可以观看VAR。同时，是否启用VAR，以及在观看了VAR后做出怎样的裁决都由主裁判决定。国际足联也非常明确地表达了VAR的使用原则，那就是以最小的干预换取最大的受益。因此，严格界定了比赛中可以调用VAR技术的四种情形（见图4），分别是：

·涉及进球，比如进球过程中是否存在手球、进球前是否已经越位或者球出界等情况；

·点球的判罚，不遗漏点球但也不创造点球；

·直接的红牌判罚（这里不包括第二张黄牌、两黄变一红的情形）；

·红黄牌出示对象有误的情况[①]。

图4 国际足联规定的比赛中调用VAR技术的四种情形

---

① 国际足联官方网站 www.fifa.com。

可以看到，并不是比赛中的所有判罚都能够调用VAR技术来进行支持，而是只应用于比赛中以上四种可能改变比赛局势的情形。这本身就最大限度地降低了对比赛的干扰。

VAR的技术细节及专利分析

从2016年开始，有数十家高科技公司曾经与国际足联共同进行VAR技术的合作和试验，最终英国的Hawk-Eye Innovations公司赢得了国际足联的青睐，成为俄罗斯世界杯VAR技术提供商（见图5）。

图5　世界杯VAR技术提供商

成立于2001年的Hawk-Eye Innovations，2011年被索尼公司全资收购。该公司开发的"鹰眼系统"已经在网球、板球、羽毛球、台球、排球等国际比赛中得到了广泛应用。

该公司为俄罗斯世界杯中12座球场的64场比赛提供的VAR技术支持，实际上只由一个VAR团队负责。他们的工作地点位于莫斯科的中央视频工作室，12座球场的相关视频通过光纤网络传输到工作室，而VAR团队也通过复杂的光纤无线电系统相互联系（见图6）。

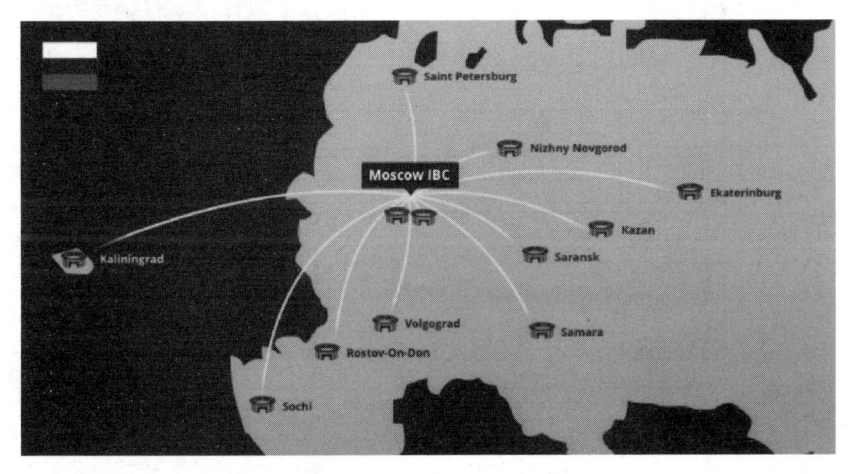

图6　莫斯科中央视频工作室

另外本届世界杯比赛一共有33个摄像机位,这是目前足球比赛单场比赛使用摄像机位的最多纪录。VAR团队正是借助于这些摄像机,才能让该技术得以施展(见图7)。

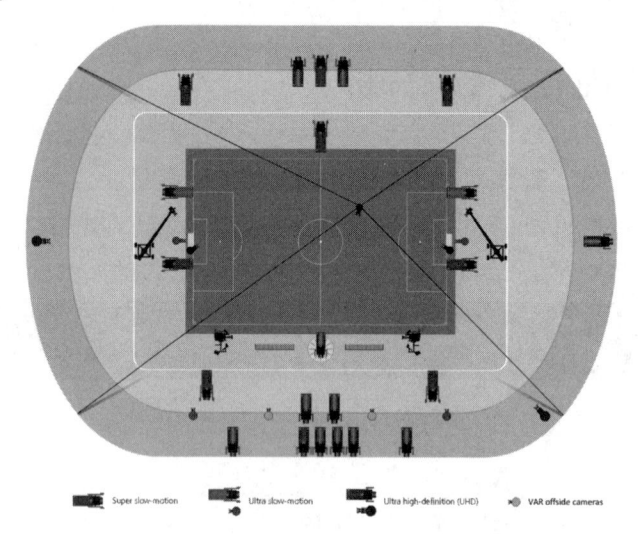

图7 俄罗斯世界杯摄像机位示意

对于VAR技术的具体原理和实施方法在索尼公司的一系列专利中可以体现。其中,重点专利GB2496591B对足球比赛中球体运动轨迹的捕捉、位置计算与校正以及运动重现的方法进行了具体阐述。专利申请GB2539896A则公开了一种用于分析足球比赛等体育赛事的视频记录的装置和方法,可并行实现对多个对象的视频记录、剪辑、生成、存储以及回放(见图8)。

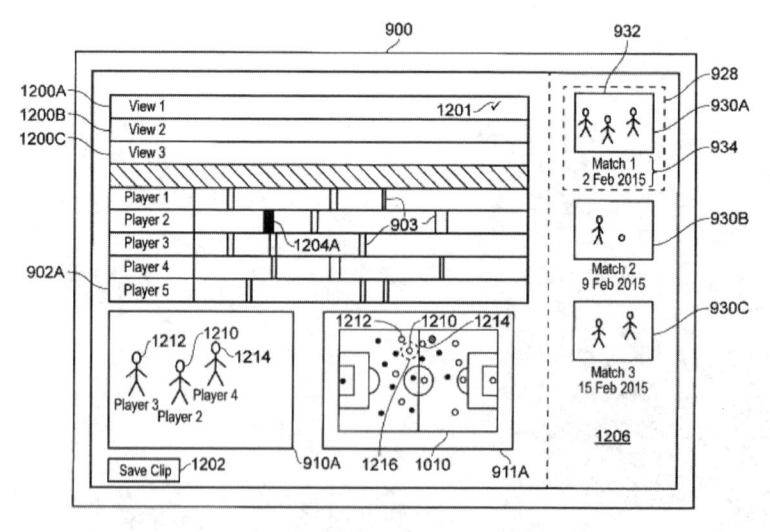

图8 GB2539896A说明书附图

小赢观点

VAR技术的广泛使用才刚刚起步，目前确实还不够完美。但是，经国际足联邀请的研究机构分析显示：视频助理裁判每次介入平均消耗时间约为20s，即便裁判亲自查看录像回放进行确认，整个时长也只有1min左右，而且还经常出现在正常死球期间。这比进球后庆祝、球员找裁判理论，以及诈伤躺倒在地拖延比赛的时间都少。

而对于"误判也是足球比赛的一部分"这类的观点，小赢想引入NBA的例子。NBA多年前就引入了裁判通过视频回看解决争议判罚的机制，这并没有影响NBA在全世界篮球迷心中的地位和商业价值，相反却成为了球迷们心中公平竞赛的典范。

误判从来就不该也不能主宰比赛，否则所有竞技体育将失去意义。科技改变生活，当然也应该改变世人对足球黑幕的偏见。能够在世界杯这样有影响力的比赛中应用VAR技术，为世界各大联赛做了榜样。使用VAR这件事儿，小赢为国际足联点个赞。

本文作者：
国家知识产权局专利局
专利审查协作北京中心外观部
杨超
专利审查协作北京中心机械部
熊子恺

16　解密 APEC 国宴上的国韵黄珐琅彩瓷盘

> **小赢说：**
> 　　什么样的瓷器能够成为国宴用瓷，这套瓷器又有着怎样的象征意义？小赢将带你解密 APEC 国宴上的国韵黄珐琅彩瓷盘。

　　2014年11月10日，APEC第二十二次领导人非正式会议欢迎晚宴在水立方举行。宴会主桌使用的国韵黄珐琅彩瓷器成为宴会一道亮丽的风景，这套瓷器名称为"盛世如意 国韵黄"，由江苏高淳陶瓷股份有限公司（以下简称高淳陶瓷）独家承制。本文将为你解密APEC国宴瓷器中的一款——国韵黄珐琅彩瓷盘。

　　在中国，黄色是古代皇家的专用色，代表吉祥、高贵，是至高无上的代表。虽然如今黄色早已不是皇家禁脔，但依然给人以隆重、辉煌、大气的色彩印象。因此，主桌瓷器选用国韵黄为主色调，象征着宴会的高层次、高规格。

　　珐琅是一种涂料，使用珐琅在瓷器上绘画称为珐琅彩。珐琅彩瓷器启始于康熙末年，全盛于雍、乾两朝，乾隆中期以后逐渐销声匿迹。它是最受历代藏家青睐的瓷器之一，与宋汝瓷、元青花并驾齐驱，被称为"世界上最奢侈的艺术品"。使用珐琅彩瓷器作为国宴用瓷，是对经典的一种传承和发扬。由此可见，最隆重的色彩加上最名贵的瓷器，使得这套国韵黄珐琅彩瓷器一经亮相便大放异彩，引起了广泛的关注。

　　这套瓷器共52件，器物之间尺度严谨，整套产品的设计端庄与动感并存。以其中最大、最醒目的冷菜盘为例（见图1）。它由方形的展示盘和圆形宝塔顶的冷菜盖组成。传统西餐中的冷菜盘底盘都是圆形的，但国宴上用到的却是方形的。这是为了暗合中国传统文化中"天圆地方"的概念，其中冷菜盖的设计灵感来源于北京的建筑天坛。其上盖的球形弧度也有所不同，盖的开口没有收敛，而是继续平滑扩大，上盖与底盘的配合体现了整体造

图1　国韵黄珐琅彩瓷盘[①]

①　图片来源：高淳陶瓷微信公众号 https://mp.weixin.qq.com/s/x0nELjNT_kwuCk2FEqBADg。

型的体量感、稳重感，保持了线条的简约与松弛，庄重中富有现代感。而在直径292mm、高度168mm的的陶瓷产品上，烧制如此精准的弧面，技术难度非常大。

除此之外，为契合欢迎晚宴的主题"盛世如意"，这套餐具以《诗经》中词句"和鸾雍雍，万福攸同"为设计构思，表达出"宾客至，同多福"的美好寓意。因此，这套冷菜盘又叫"万福攸同"。

"雍雍"是一个拟声词，表示平和的令人愉悦的声音。为了体现这个声音，设计中应用了"磬纹"。"磬"是古代能发出美好声音的石头或者乐器，特别是用在"礼乐"上。而在古代，"磬"与"庆"谐音，所以"磬纹"在这里不仅表达了一种美好的"礼乐声音"，还表达了一种节庆的寓意。"万福"是指把表达美好寓意的传统纹饰都集中在这套瓷器上，例如表达健康寓意的"缠枝纹"，表达富贵、如意、喜庆的"牡丹纹""如意纹""宝相花纹"等。

缠枝纹是青花瓷上最常见的纹饰。牡丹纹是一种典型的汉族瓷器装饰纹样或织锦纹样，以牡丹花为主题。自唐代以来，牡丹颇受世人喜爱，被视为繁荣昌盛、美好幸福的象征，宋时被称为"富贵之花"。故成为瓷器上的流行装饰。如意纹是中国传统寓意吉祥图案的一种。按如意形作成的如意纹样，借喻"称心""如意"与"瓶""戟""磬""牡丹"等构成中国民间广为应用的"平安如意""吉庆如意""富贵如意"等吉祥图案。宝相花纹是一种汉族传统的陶瓷器装饰纹样，是将自然界花卉（主要是莲花）的花头作艺术处理，使之图案化、程式化。

这款产品的设计主要使用了以宝相、如意等纹饰为核心图形的元素，对传统经典造型、图案进行重新解构。重新解构后的设计追求文化的庄重与生动、炫丽，注重营造国宴中的经典、隆重、端庄，有仪式感氛围。能够通过产品表达出对美好未来的向往，对世纪盛会的庆祝，展示中国的国风、国韵。

高淳陶瓷的前身为原江苏省高淳陶瓷厂，成立于1958年，1994年改制为江苏高淳陶瓷股份有限公司，并于2003年在上海证券交易所上市。高淳陶瓷是一家十分重视知识产权的公司，截至2018年底，高淳陶瓷在中国共申请专利1224件，其中外观设计专利占96%，发明专利和实用新型专利占比4%，公司1996年开始申请专利，2008~2018年公司平均每年申请专利110件，申请量平稳。前面介绍的国韵黄珐琅彩瓷盘就是一件专利产品，并且在2017年第十九届中国专利奖评选中获得外观设计优秀奖（ZL201430434649.5，见图2）。而珐琅彩的烧制方法同样也申请了发明专利（ZL201610162838.X）。

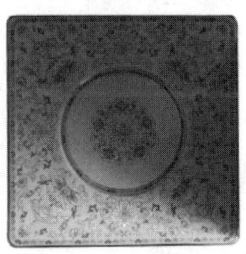

图2　ZL201430434649.5外观设计视图

2014年对于高淳陶瓷是不同寻常的一年，其独家承制的这套国韵黄珐琅彩瓷器也是其划时代的产品。高淳陶瓷的产品分为四个系列，分别为国宴系列（见表1）、餐具系列、茶具系列、礼品系列。其中珐琅彩国宴用瓷为钓鱼台国宾馆专用瓷器和国礼用瓷。国宴系列中包含盛世如意国韵黄、盛世如意景泰蓝、乌镇青花以及"一带一路"国宴（见图3）。2014年的这套盛世如意瓷器是高淳陶瓷国宴系列的开山之作。正是这套餐具奠定了高淳陶瓷国瓷的地位。宴会结束后，这套餐具被当做国礼赠送给与会的各国领导人。各国友人对于这些瓷器的每一次注视、每一次触碰，都是一次中国匠心和传统文化的传递。

表1 国宴系列

国宴系列	年份	宴会
盛世如意国韵黄	2014年	APEC水立方国宴
盛世如意景泰蓝	2014年	APEC水立方国宴
乌镇青花	2015年	乌镇世界互联网大会
"一带一路"国宴	2016年	G20领导人峰会国宴

盛世如意国韵黄　　　　盛世如意景泰蓝

乌镇青花　　　　"一带一路"国宴

图3　国宴系列[①]

本文作者：
国家知识产权局专利局
专利审查协作北京中心外观部
沈德钰

---

① 图片来源：http://www.gctc.cn。

17　抢镜法国球星的门线技术详解

> **小赢说：**
> 　　在2018年俄罗斯世界杯C组首轮小组赛中，法国队以2∶1战胜了澳大利亚队。然而，比赛的焦点不是身价总和达到10.8亿欧元的法国球星们，而是决定比赛胜负的门线技术。

　　本场法国对阵澳大利亚的比赛，在赛前原本认为是一边倒的比赛，实际的过程却并非如此：本届比赛中球员身价总和最高之一的法国队，面对纸面实力远逊于自己、世界排名第36位的澳大利亚队，赢得非常艰苦。这在他们赛后如释重负的庆祝中就能看得出来。

　　先简单回顾一下这场比赛的赛况：在58分钟和62分钟，法国和澳大利亚双方分别依靠点球战成了1∶1，随后的十几分钟里，比赛进行得十分焦灼。到了比赛第80分钟，决定比赛的进球出现了。

　　法国球星博格巴的在中路闲庭信步而又有点运气成分的突破，穿透了澳大利亚队的后防线。博格巴在禁区线附近一脚撩射，球越过守门员击中横梁弹下，击地后被守门员抱住。所有人，在足球落地的那一刻，都没有看清球是否进了。根据规则，足球必须整体越过门线才能够被判定为进球。最终，裁判通过门线技术判定进球有效。法国队也凭借这个进球取得了本届世界杯的开门红。

　　这时，小赢陷入了深深的思索：如果有门线技术，那么1966年世界杯赛，足球史上的"世纪悬案"是否就会有了权威的答案？是否1999年美国女足世界杯上的中国的铿锵玫瑰们已经最绚丽地绽放？

　　铿锵玫瑰的故事也许你熟悉，那么小赢带你科普一下"世纪悬案"的历史。1966年的世界杯决赛由英格兰队对阵联邦德国队，常规时间双方战成2∶2，在加时赛中英格兰中锋赫斯特重炮轰门，球击中横梁下沿反弹到门线后弹出球门（和今天的比赛何其相似）。最终，当值主裁判判罚进球有效，英格兰也凭借这个进球获得了历史上唯一的一次世界杯冠军。

　　时至今日，各路专家通过各种技术对当时的视频慢动作回放、解析、还原，都无法清晰准确地判断出球是否整体越过了门线。于是这个进球也永久地成为了世界杯史上最具争议的悬案之一。

此前，为了解决球到底进没进的问题曾引入了"底线裁判"。底线裁判站在底线外，其最主要的职责就是在出现争议进球时通过近距离观察，确定球是否进了。然而，随着现代足球的进步，球员装备以及足球的改良，球速越来越快。例如，阿尔扬·罗本一脚凌空抽射速度能够高达190km/h，这时的球速已经快到了摄像机甚至完全跟不上的程度。2002年韩日世界杯赛上，中国对阵巴西的比赛中，巴西球星罗伯特·卡洛斯的直接任意球进球速度达到了149km/h。试想，如此快的球速，在电光火石的瞬间，底线裁判当时的表情可能是：球去哪了？

正是遇到上述问题，门线技术应运而生。该技术基于鹰眼系统或磁场传感器系统的原理运行，可以判断球是否越过了球门线。2013年2月19日，国际足联正式宣布，从2013年联合会杯开始启用门线技术。门线技术在2014年巴西世界杯已经开始应用，本次俄罗斯世界杯得到了延续。

接下来，我们重点讲解一下门线技术的两大支撑——鹰眼系统或磁场传感器系统。

鹰眼系统

鹰眼技术，最早应用于网球、板球等项目中，逐步推广到羽毛球、排球中。本文我们来重点说说，鹰眼技术转用到足球上。

以2014年巴西世界杯采用的Goal-Control-4D鹰眼系统为例。该系统包含布置在球场周围的14台高速摄像机，每个球门被7个摄像头"紧盯"。这些摄像机最高可以每秒500帧的速度追踪其视野内的一切物体。摄像机在接收画面时都会过滤球员、裁判和其他物体，这意味着让跟拍更加清晰。该套系统能计算出精确度在毫米之内的足球位置3D坐标，一旦足球越过门线，系统将进行判断，并向当值裁判的手表发送加密无线电信号，时间不会超过1s。裁判所佩戴的特质手表将有一阵明显的振动，并会显示"GOAL"字样。

该系统的基本原理和技术被记录在Goal Control公司的申请中（DE102012020376A1）。如图1所示，该系统具有用于评估照相机（B1~B7）的图像数据的计算机单元13。基于图像数据生成目标判定信号，如果足球部分从游戏区域的方

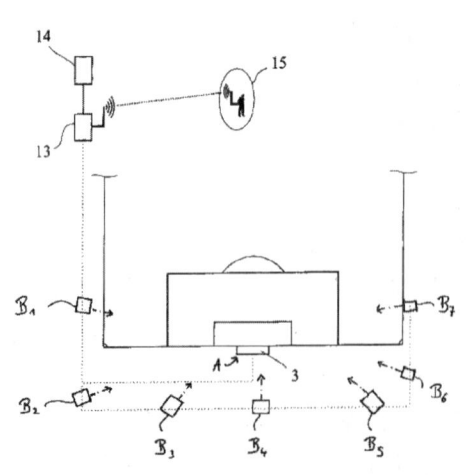

图1　DE102012020376A1说明书附图

向完全穿过目标线平面，则发出进球信号。

当然，对于提示进球的信息传导到裁判手表上，索尼公司给出过不同的解决方案。索尼公司的专利（ZL201210446941.9），如图2所示：在整个球确定为已经越过整个球门线的情况下，则进球指示信号从控制器发送到无线收发器，然后将信号通过安全信道无线地发送到裁判穿戴的头戴式耳机中。

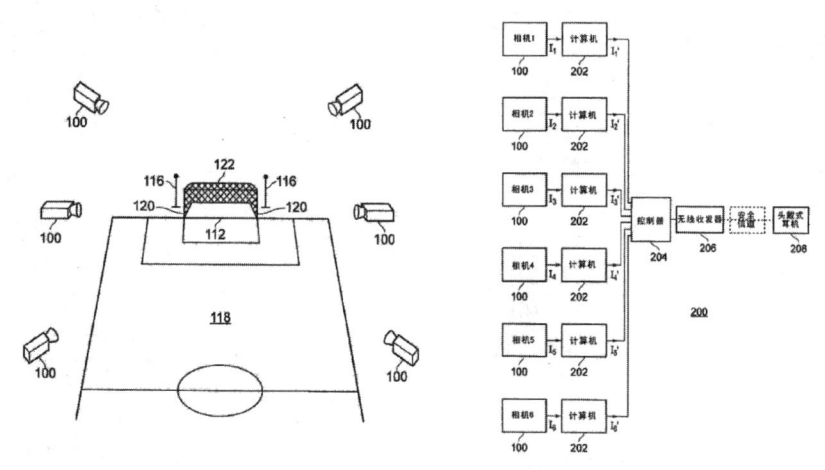

图2　ZL201210446941.9说明书附图

磁场传感系统

磁场传感系统是在门框区域内设计磁场，如果球整个进入了球门线，加密信号就会在1s内传送给裁判。这种技术应用的典型是Cairos GLT系统。

Cairos GLT系统由阿迪达斯与Cairos Technologies AG公司联合开发，此系统在禁区线和门线下都布置能够产生磁场的细缆线。电缆中的电流会产生磁场，当球在球门区域时该磁场可由球中的传感器接收。球中的传感器会测量磁场并将球的位置信息传给球场周围的接收器并转发给中枢计算机。计算机会根据数据来计算球是否穿过球门线，当确认得分时，电脑会向佩戴特制手表的裁判发送进球信号。

Cairos公司的专利（US8228056B2）记载：一个足球场，单个标记线5被一对平行导体2包围，每个导体都连接到接地装置4和电流源3，通过传感器测量球的位置并传送给计算机进行分析。用标记线下方的细线缆构建的磁场以及足球中预制传感器的位置，确定球是否进了。同样，当确认进球时，后台的服务器也会向佩戴特制手表的裁判发送进球信号（见图3）。

GOALREF公司专利（US8535183B2）中也记载：导体1~4形成如箭头方向电流，具有控制单元5，环绕球门平面从而产生电磁场以激励可移动物体中的信号发射器装置或检查发生器的装置的信号，这些电路被划分成多个分离的电路，提高了系统的分辨率（见图4）。

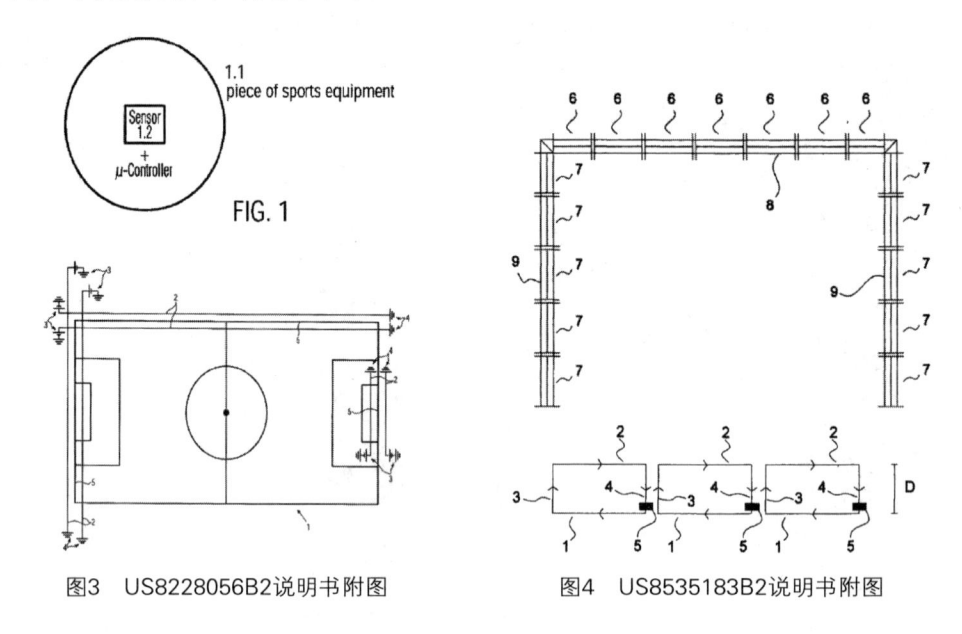

图3　US8228056B2说明书附图

图4　US8535183B2说明书附图

国内申请人也关注了此项技术。国内申请人李岩于2006年7月31日提交了专利申请（CN101116777A）。其中记载了：一种足球进球及球员越位等电子即时判断系统，它由硬件和软件两大系统构件组成。其中，硬件系统由足球定位发射器、场地边角定向发射器、摄像机、雷达测速器、球员定位发射器及场上裁判震动接受器组成；软件系统则由针对以上所述硬件进行开发的各种电脑程序软件构成（见图5）。

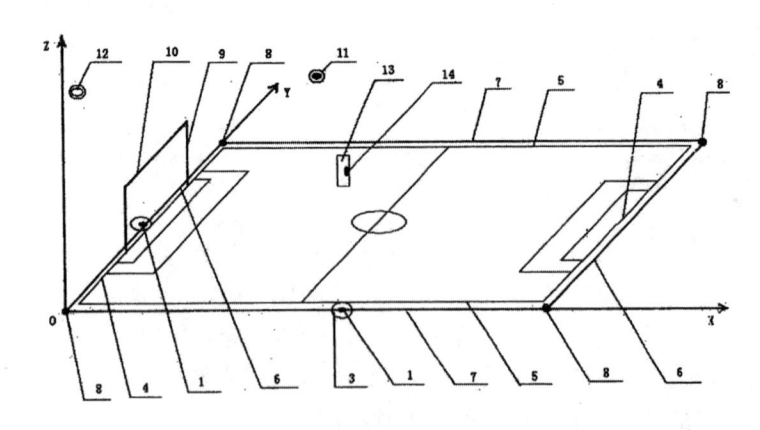

图5　CN101116777A说明书附图

此外，耐克创新有限合伙公司的专利（US9211446B2）具有电子装置的运动球，可以包括外壳20、球胆40和部件50。外壳形成球的至少部分外表面，并且球胆位于内表面。球胆包括朝着运动球的中心突出的袋状部42，并且袋状部限定腔。电子装置或平衡物位于袋状部内（见图6）。

无论是鹰眼系统还是磁场传感系统，其应用的技术都是1966年无法实现的。随着科技的进步，有了高科技作为"辅助裁判"，可以有图有真相地判断足球的精确位置，减少球场上的冤案。

作为一名球迷，我感谢这些技术。因为，我希望我们看到的是公正、纯粹的世界杯。

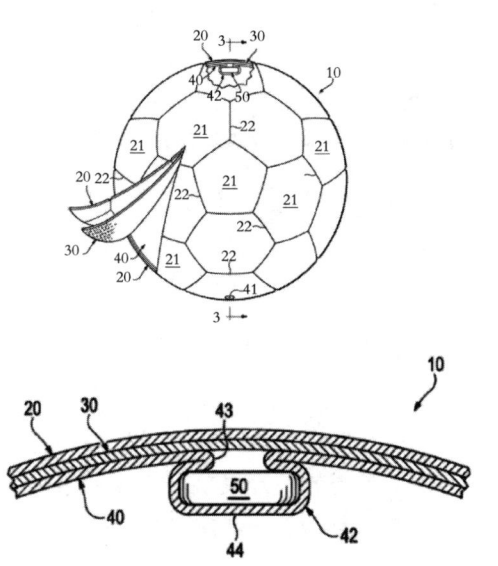

图6 US9211446B2说明书附图

本文作者：
国家知识产权局专利局
专利审查协作北京中心材料部
刘鹏

18　最佳女性运动内衣竟和防弹衣原理相同？

> **小赢说：**
> 对每个热爱运动的姑娘来说，一件好的运动内衣必不可少。2018年《时代》周刊的年度发明新品中就有一款。它为什么能当选，又有怎样的科技含量？和小赢一起解读！

随着人们对健康的重视程度日益提高，跑步、瑜伽成了众多女性的日常活动。然而，和男性不同，女性在运动中，尤其是强度较大的运动中，存在着难言之隐，就是胸部位移。尴尬还是次要的，这种情况造成的更严重问题是剧烈的振动使胸部软组织过度移动，牵拉韧带和皮肤，造成软组织拉长绷紧，容易引起内部损伤，带来胸部下垂、背部紧张、肩痛等问题，有些损伤可能是永久的，甚至诱发乳腺炎。

开开心心去健身，结果不知不觉受了内伤，实在是得不偿失。

于是乎，运动内衣应运而生。各种运动内衣具有很多贴心的设计来减缓运动时产生的胸部晃动，常用的方法包括：通过筛选材质和改进编织方法来获得具有适当弹性的面料，背部工字型或交叉型设计使其贴合皮肤并减少摩擦（见图1），以及立体一次成型等无痕剪裁方式。

图1　常见运动内衣示例[①]

---

① 图1、图2来自 https://www.reebok.com.cn/plp/victoria_beckham。

研究表明，相对于普通内衣而言，设计合理的运动内衣支撑性更强，可以有效减少胸部晃动，保持运动时胸部的稳定性，使女性有舒适的运动体验。

而我们的主角，2018年《时代》周刊的年度五十大发明新品——锐步Pure Move运动内衣（见图2）就更厉害了。它，能-变-形！

图2　锐步Pure Move运动内衣

别看这款运动内衣的外观低调内敛，似乎没什么特别，实际上却是内藏玄机。它的神奇之处就是内衣在剧烈运动时变硬，支撑力变强，稳定性更好！不运动或运动强度低时变软，穿着更舒适！

这款运动内衣的奥秘就是内衣的织物使用STF进行处理！所谓STF，是shear thickening fluid的缩写，中文称作"剪切增稠流体"，也叫"膨胀性流体"。简单的说，STF的特点是当其受到速度较快的力作用时，它的黏度就变大；当其受到的力比较平缓均匀，它的黏度就变小。基于STF的上述特性，由STF处理的内衣在高强度运动中延展性降低，从而提供更稳固的支撑，而在休息和低强度活动中则提供舒适的轻度支撑。

要进一步了解STF为何会具备这种特性，就需要用到流体的相关知识了。先解释两个词，剪切应力（shearing stress，S）和剪切速率（rate of shear，D）。假设一个能够发生形变的立方体（见图3），固定其底面B，当对顶面A沿着切线方向施加力F时，物体会发生形变。此时，单位面积上的作用力F/A称为剪切应力。当以同样的剪切力F施加到液体时，液体会以一定的速度流动，而且带动下层液体流动，此时在AB层间产生速度梯度，该速度梯度称为剪切速率。

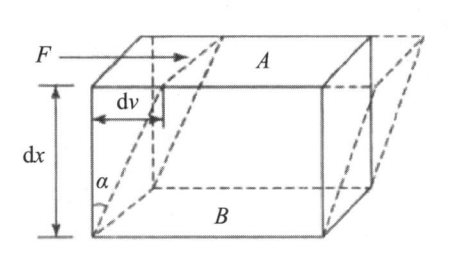

图3　剪切应力与剪切速率示意

对于理想液体，剪切应力S与剪切速率D成正比，可用牛顿黏性定律表示$S=\eta \cdot D$。根据流变特性，通常把流体分为两类：一是牛顿流体，遵循牛顿黏性定律；另一类是非牛顿流体，不遵循牛顿黏性定律。对于牛顿流体，剪切应力与剪切速率成正比，流体的黏度是一个常数，主要随温度变化，而与作用力无关。最常见的牛顿流体是水，我们很容易理解水具有这样的性质：搅拌一盆水，无论搅得快还是慢，水的黏度始终不变。所有的气体、大部分低相对分子质量液体、溶液或少数球形颗粒填充的稀悬浮液均属于牛顿流体。除牛顿流体以外的流体都叫作非牛顿流体，它又分为多个类型，如图4所示。

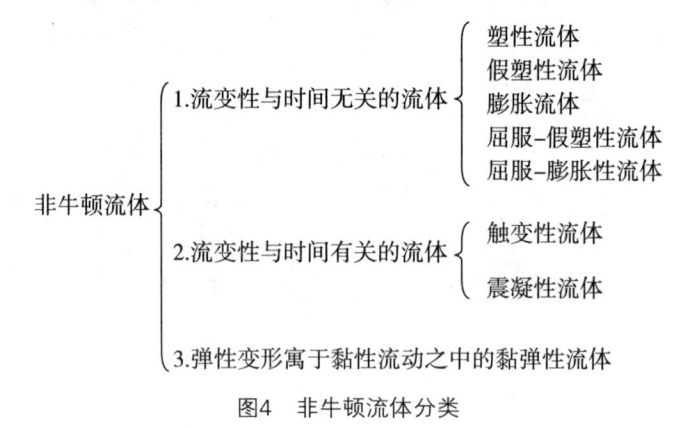

```
            ┌ 1.流变性与时间无关的流体 ┬ 塑性流体
            │                        ├ 假塑性流体
            │                        ├ 膨胀流体
            │                        ├ 屈服-假塑性流体
            │                        └ 屈服-膨胀性流体
非牛顿流体 ┤
            │ 2.流变性与时间有关的流体 ┬ 触变性流体
            │                        └ 震凝性流体
            │
            └ 3.弹性变形寓于黏性流动之中的黏弹性流体
```

图4　非牛顿流体分类

对于剪切增稠流体（膨胀流体），其特征是随剪切速率的增加黏度增大。剪切增稠流体通常需要分散相的含量较高，且颗粒必需是分散的，而不是聚集的。当剪切应力不大时，颗粒呈分散状态，流体的黏度较小；而在较高剪切速率下颗粒被搅在一起，增大了流动阻力，黏度升高。剪切增稠流体在生活中也很常见，只要一份淀粉加两份水，就得到了一份成分最简单的剪切增稠流体！以这种淀粉的水悬浮液为例，剪切增稠流体的黏度增大的内在原因是在快速搅拌下，淀粉颗粒搅在了一起，水分子难以填充进淀粉颗粒之间的空隙，不能起到润滑作用，因此悬浮液的黏度增大。但静置或缓慢搅拌时，淀粉颗粒分散比较规则，水溶液又可以填充在间隙中，重新起到润滑作用，因此黏度下降。

剪切增稠流体随着组成的不同性能也有很大差别，其在服装领域的经典应用场景说出来吓你一跳——没错，就是液体防弹衣（见图5）！那黏度变化可是相当大，电光火石之间液体变固体。

有剪切增稠流体就有剪切变稀流体，也叫假塑性流体。它与剪切增稠流体的特点正

图5　液体防弹衣[①]

---

① 图片来源：https://baike.baidu.com/item/%E6%B6%B2%E4%BD%93%E9%98%B2%E5%BC%9E8%A1%A3。

好相反，随剪切速率的增加，黏度降低。这个也不陌生，流沙就是一种剪切变稀流体——陷入流沙之中的人越是挣扎，沙体流动性越好。

我们知道，决定剪切增稠流体性能的主要是分散颗粒的大小、体积分数等特征，那么，锐步Pure Move运动内衣所用的STF具体是什么，又有何特点呢？答案就要去专利文献中寻找了。

锐步于2018年4月4日同时向欧洲、中国和美国专利局提交了专利申请（EP3384790A1、CN108685208A、US2018279692A1）。其中，向美国专利局提交的专利申请已经于2019年04月02日获得授权（US10244801B2）。

上述文献记载了一种移动反应性运动服装及其制造方法，尤指运动胸罩（见图6），其部分织物用剪切增稠流体STF处理（见图7）。该STF包含分散在流体介质中的粒子，所述粒子选自二氧化硅、二氧化钛、碳酸钙、聚甲基丙烯酸酯等；粒子尺寸是5nm~50μm，优选尺寸是100nm~1μm；粒子在流体介质中的浓度是质量分数5%~90%，优选浓度是65%~75%；流体介质选自聚乙二醇、苯基甲基硅油等，这些流体介质具有高稳定性、高沸点和不可燃性能；所述织物选自棉、聚酯、尼龙、弹性纤维及其组合，优选73%聚酰胺（PA）和27%氨纶（EA）的组合，这种面料具有弹力大、舒适透气的特点，是用作运动服装的优良面料。采用STF处理的织物主要位于运动胸罩的整个前段、整个后段以及肩带。上述文献还记载了用剪切增稠流体处理运动内衣的方法，该方法先制备包含剪切增稠流体的悬浮液，再使用稀释剂将其稀释，将稀释的剪切增稠流体置于运动内衣中，再除去稀释剂，如此来获得剪切增稠流体处理的运动内衣。内衣各部位织物所需要的支撑量是采用生物力学软件模拟胸部的生物力学或软组织生物力学分析后确定的（见图8）。用STF处理的织物从拉伸到限制的转变可以在几毫秒内发生，由于使用纳米尺寸的粒子，因此这种转变是肉眼不可见的。

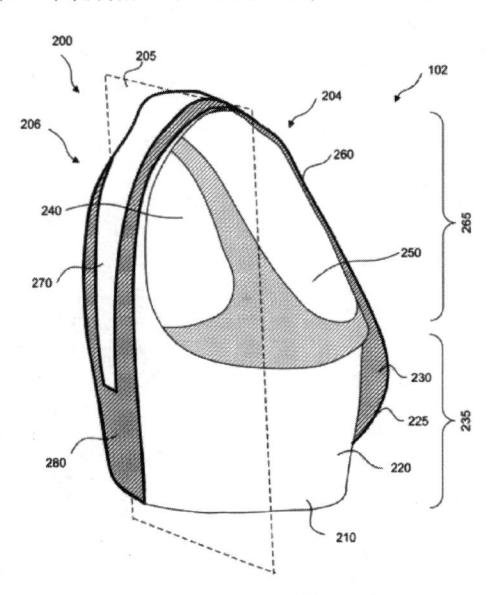

图6　CN108685208A说明书附图2

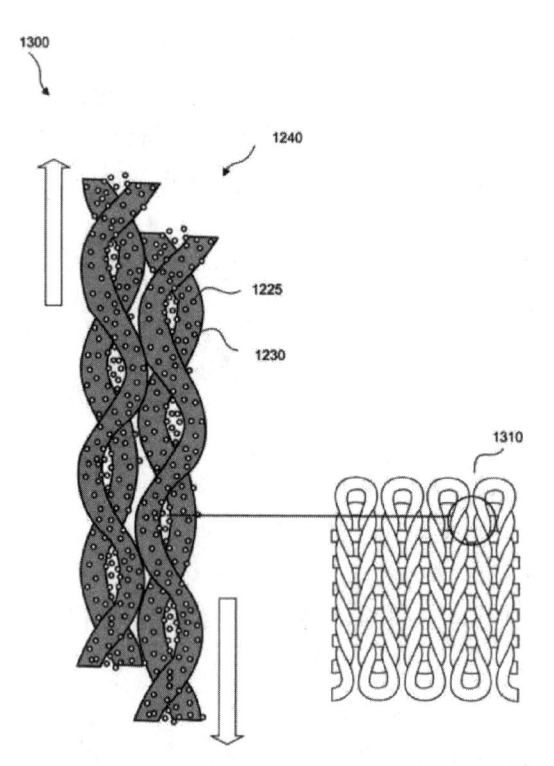

图7　CN108685208A说明书附图13

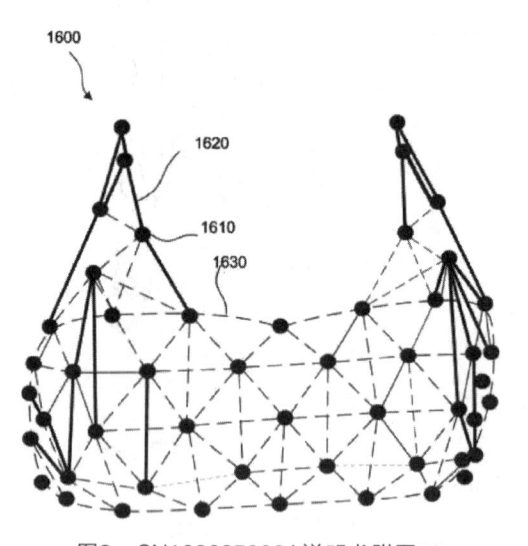

图8　CN108685208A说明书附图16

答案揭晓之后是不是豁然开朗？

通过检索可以发现，STF作为一种早就为人所知的流体类型，其在服装及其他领域的应用非常广泛，主要可以分为防护材料和减能吸能装置两大类。前者包括防弹衣、机动车头盔，激烈对抗的体育运动中的护膝、护肘等护具，运动鞋的鞋底或鞋垫材料，防刺或防割手套等；后者的用途更加广泛，大到道路的各种减速带、汽车保险杠、电梯安全装置、桥梁吊索、防爆装置、飞机座椅材料，甚至坦克装甲、航空减震材料，小到拐杖、电动牙刷部件、手机壳等。用于上述用途的专利文献非常多，这其中数量最多的就是液体防弹衣。尽管如此，锐步将STF与女性运动内衣相结合，仍然给人眼前一亮的感觉。

而且，从锐步的专利申请时间来看（2018年4月），这还是一项比较新的技术，但它很快就被投放到了市场上：锐步Pure Move运动内衣在2018年7月就开始上市销售了。专利申请还未获得授权就上市销售，一方面是由于服装领域具有更新快、竞争激烈的特点，另一方面也可以看出锐步对这项专利申请的前景还是很有把握的。

了解了锐步Pure Move运动内衣的设计思路之后，不知您是否和我一样有这样的感慨：没有做不到，只有想不到！防弹衣、汽车保险杠与女性运动内衣这样八杆子打不着的领域，却运用了相同原理的材料，真是生活处处有惊喜！

创新，需要思路开阔；创新，需要冲破束缚；创新，永无止境！

本文作者：
国家知识产权局专利局
专利审查协作北京中心化学部
原悦

19　足球场上的智能可穿戴装备

> **小赢说**：
> 　　五花八门的可穿戴设备正悄悄地走入足球场。有什么有特色的产品和公司？这些可穿戴设备能实现什么功能？产品背后有什么专利风险和技术壁垒？本文将分析一些足球智能可穿戴装备的产品和他们背后的重点专利。

国际大牌的智能运动背心

　　猝死一直是职业运动员的梦魇。2013年瑞典球星伊布拉希莫维奇在一场比赛后与对手交换球衣时，露出了一件看起来有些像女士内衣的古怪装备，吸引了众多的眼球。有人干脆把它叫作"比基尼"。其实，这是一件智能运动背心，来自于澳大利亚的GPSport系统公司（以下简称GPSport）。凭借内置传感器，它可以监测球员的跑动距离、速度、心率、碰撞、疲劳、加速、减速、转向，并无线发送电脑上显示。如果身体负荷过大还会报警，可谓是运动员的守护神。很快，这款被称为"比基尼"的运动背心开始在职业运动队中风靡起来，包括皇马、巴萨、AC米兰等国际豪门足球俱乐部都是他们的客户。中国男足国家队也不甘落后，在2015年起也在训练中使用了类似装备。

　　来自爱尔兰的STATSports集团有限公司（以下简称STATSports）是GPSport的竞争对手。根据其官网消息，巴西、德国、葡萄牙、比利时、英格兰等国家队都在俄罗斯世界杯上使用了他们的可穿戴智能装备（见图1）。

图1　STATSports运动背心、传感器和手机检测终端[①]

　　STATSports提供包括运动背心在内的多种智能可穿戴装备。除了上面提到的功能外，它还用大数据预测伤病风险。

---

　　①　图1和图2来自STATSports官方网站 https: //statsports.com。

· 98 ·

这些设备用蓝牙和UWB进行无线传输。在运动员的后背、鞋、上衣、手环均有传感器采集数据。而在肩部的单元负责汇总数据（见图2）。

国际大牌的可穿戴设备虽然酷炫，但是也价格不菲。据悉，仅购买20套GPSport智能背心的花费可达到上百万元人民币[1]。显然，这个价格已经把绝大多数业余爱好者和中小球队拒之门外了。那么有没有性价比高一些的类似产品供广大球迷或平民球队使用呢？

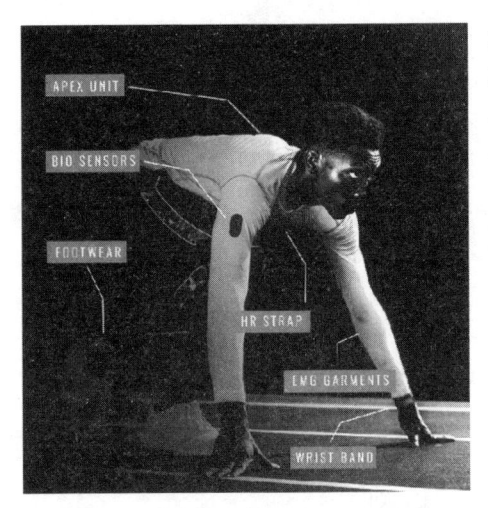

图2　STATSports数据采集系统

高性价比的国产品牌

位于厦门的简极科技有限公司（以下简称简极科技）推出了智能足球运动表现分析系统（简称INSAIT K1，见图3）。

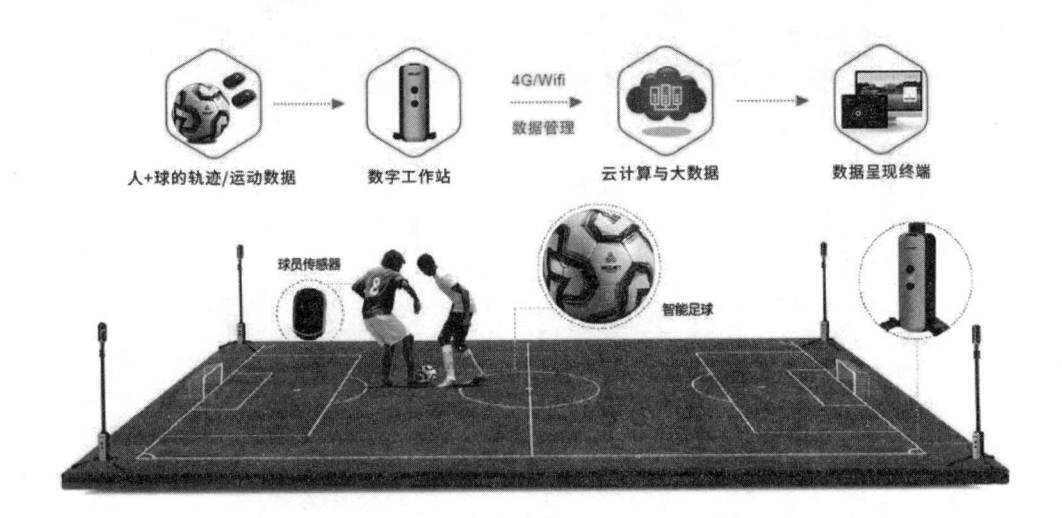

图3　INSAIT K1系统示意[2]

---

[1]　http：//sports.163.com/special/anglezero/dashujushidaidetiyuweilaizhanshi.html。
[2]　图片来源：INSAIT K1产品官方网站 http：//www.gengee.com/insait-K1。

· 99 ·

INSAIT K1通过可穿戴装备和足球里的传感器采集数据，上传到安装在球场边上的数字工作站（又名球场基站），再由球场基站上传给服务器进行云计算，将大数据分析结果传送终端显示。它也可以测试心率、耗氧量等生理参数。可见其基本功能已经与国际品牌的产品相差无几了。不过略微遗憾的是，在简极科技的官方网站以及各大网购平台上都还没有找到相关产品的报价，看来它暂时面向的还不是球迷，而是足球专业人士。

北京的泽普互动科技有限公司（以下简称ZEPP）通过腿套把传感器戴在小腿上（见图4）。在手机APP配对传感器，开始比赛后数据将通过蓝牙发送给手机APP。它可以测试冲刺次数、跑动距离、最大速度、体能，还能测试触球数、射门转化率、惯用脚。在拍摄比赛录像时，还可以标注场上时间，赛后结合传感器数据自动生成视频集锦（见图5）。

图4 ZEPP带有传感器的腿套[①]

图5 ZEPP自动视频剪辑标注系统

虽然还不能测试心率，但是比起国际大牌，ZEPP产品的性价比更高。更重要的是，在官方网站和主流的网购平台都可以买到。

位于福州的福建省够兄弟科技有限公司（以下简称T-Goal）的目标就是把职业赛场的昂贵技术变成所有踢球者都触手可及的成熟产品。2017年4月，T-Goal发布了智能足球以及手环（见图6）、智能紧身衣和智能腿套三种全新产品。其中智能腿套的传感器模块位于小腿肚的位置，而智能紧身衣的传感器模块位于上背部。和ZEPP类似，T-Goal产品在其官方网站和主流的网购平台都可以买到。

图6 T-Goal智能手环[②]

---

① 图4和图5来自ZEPP官网 http://www.zepp.com/en-us/soccer/game-tracking。

② 图片来源：T-Goal官网 http://www.t-goal.com。

相关专利

下面一起盘点一下这些智能产品背后的专利和专利技术。

早在2001年，GPSport就申请了国际专利申请WO0239363A1，其中的系统除了检测球员的运动数据之外，还能检测环境的温度湿度等数据（见图7）。

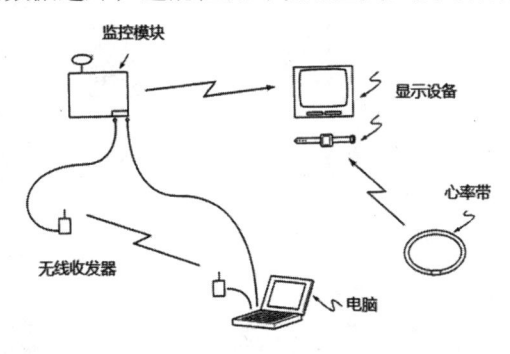

图7　WO0239363A1说明书附图

这份国际申请仅在澳大利亚获得授权，并没有进入其他国家阶段。这对世界上的其他厂商来说也少了一个技术壁垒。尽管如此，这件2002年公开的专利文献其实已经披露了足球场上可穿戴装备的常规系统架构，实际上起到了防御性公开的作用。以后相关厂家要想申请新的专利，必须比这个文献公开的系统有一定改进才行。可见，不论是从专利布局还是从产品线上来看，GPSport都是这个行业的先驱者。

STATSports的几件专利申请公开日都集中在2017~2018年，还没有获得授权。其中，WO2017178777A1、WO2017178778A1两个国际专利申请利用球场角落的标杆和可穿戴标签定位。WO2017178779A1用来确定定位标杆的最佳摆放位置和角度；WO2017106390A1利用球和球员的位置统计数据、事件数据预测比赛，设计战术（见图8）。

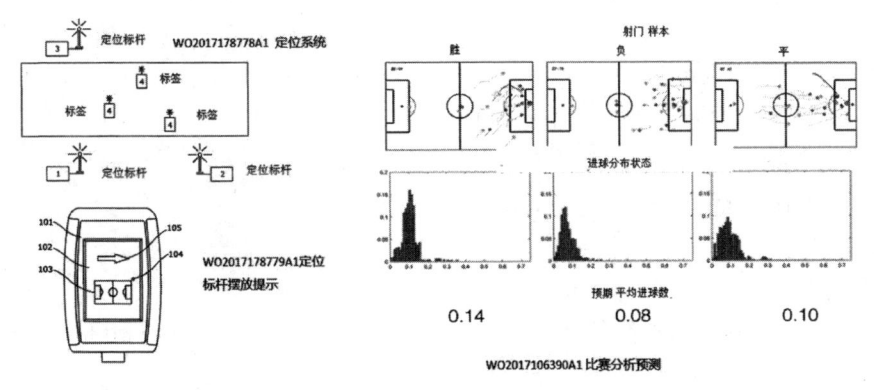

图8　STATSports的相关专利申请说明书附图

简极科技最早的产品是智能足球,因此不少专利申请也主要涉及智能足球。而随着可穿戴设备的研发进程,也开始有不少相关专利申请出现。同时,简极科技还申请了球场基站、球员可穿戴装备、可穿戴装备充电槽等全系列产品的实用新型和外观设计专利(见图9)。其中,ZL201620598468.X将可穿戴装备的充电槽和球场基站二合一,并设计成拉杆箱的样子,使用非常方便。

图9 简极科技相关外观设计和实用新型专利

简极科技主要在中国申请足球可穿戴装备的专利,可见目前的简极科技的主要市场还是在中国。

ZEPP的创始人韩铮曾经赴美创业,在美国市场为棒球、高尔夫球、网球、足球等运动制造智能传感器设备,在具备一定影响力后,又回到中国市场开始主攻足球产品。ZEPP的专利在中国多以法定代表人"韩铮"为名义申请,其内容也不仅限于足球。ZL 201110111602.0识别佩戴者做出的动作(见图10)。该专利认为,球员在踢足球

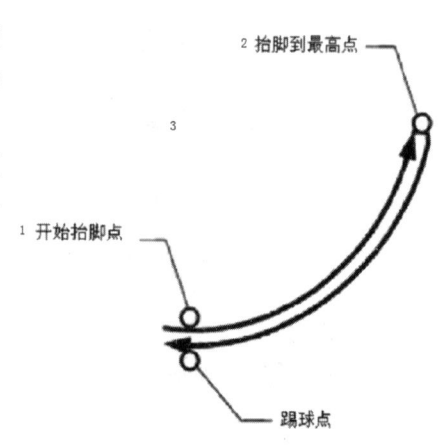

图10 ZL201110111602.0说明书附图

· 102 ·

时，会有开始抬脚、抬脚到最高点、摆腿踢球等分解动作。该专利在澳大利亚、日本、美国、韩国都获得了授权，值得关注。

ZEPP也有视频录制和剪辑方面的专利申请。其中，WO2017189036A1中的摄像机可以跟随摄像小哥的头部转动而自动转动（见图11）。该国际申请在美国获得了授权专利（US10097745B2），并刚刚进入中国、欧洲和韩国的国家阶段、

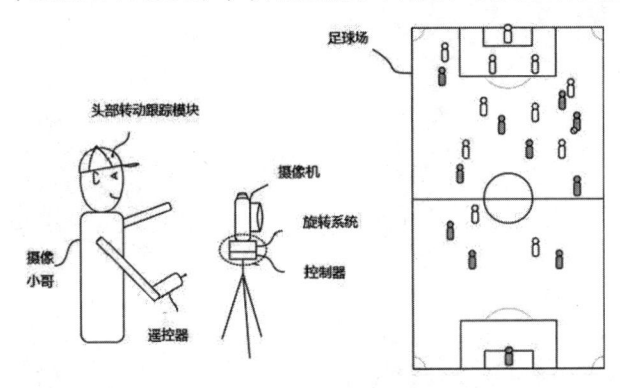

图11　WO2017189036A1说明书附图

在发展早期，T-Goal的申请主要集中在运动数据分析软件的图形用户界面GUI的外观设计（见图12）以及硬件设备的外观（见图13），可见其早期以产品设计为主。随着技术积累和研发的深入，T-Goal也开始逐渐进行发明专利申请，其内容涉及运动数据的筛选，传输。

说到在足球场上使用传感器设备，除了上述几家公司外，大名鼎鼎的阿迪达斯公司（以下简称：阿迪达斯）可以说是行业鼻祖，其先后推出过智能足球和智能球鞋。虽然在球衣方面还没有推出较为出名的智能产品，但他们也没有忘记申请智能球衣的相关专利。阿迪达斯发现，安装在球衣上的心率电极要获得准确的心率数据，就必须相对于球员的心脏的位置基本固定。在ZL201310464595.1中，通过在球衣上剪裁出特定的隔离区域，将传感器装在相对稳定的躯干部分上，比如说在胸部环绕，就可以隔离在球员踢球时由于上臂摆动对躯干部分球衣的拉扯而产生的球衣和身体的相对位移（见图14）。传感器和数据处理器之间还可以通过球衣上的导线传输数据（见图15）。阿迪达斯的专利ZL201310128792.6利用加速度传感器测量球员的跳跃高度，可以绘制出表现多种数据的球员能力雷达图（见图16）。

可见，阿迪达斯不愧是运动装备的老店，在佩戴传感器的运动服的设计方面有自己的特色。但不知为何，目前阿迪达斯量产的足球智能产品还不多。不过，或许在将来什么时候，已经储备了一定智能穿戴技术的足坛装备老店也说不定会一鸣惊人。

ZL201630219114.5
全场热力图

ZL201630219110.7
找到球场边界

ZL201630219104.1
球员能力分析

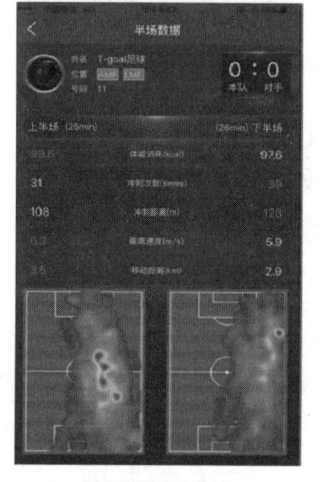

ZL201630219101.8
半场热力图

图12　T-Goal相关软件界面外观设计专利

ZL201630002769.7
球员可穿戴设备

ZL201630002766.3
腕带

图13　T-Goal相关硬件外观设计专利

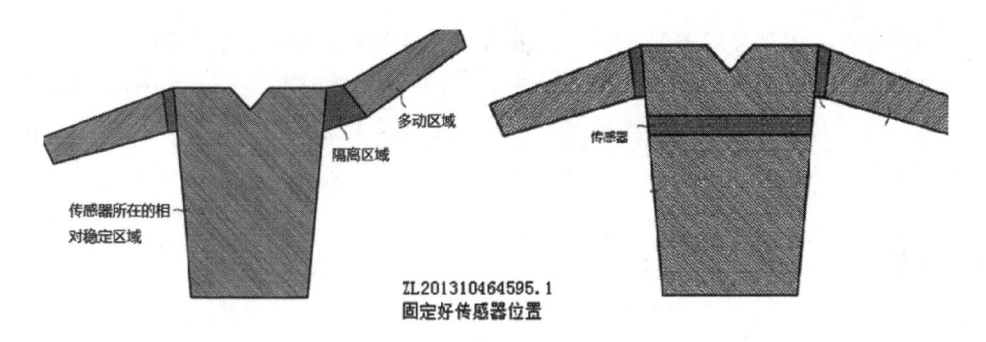

图14 ZL201310464595.1说明书附图

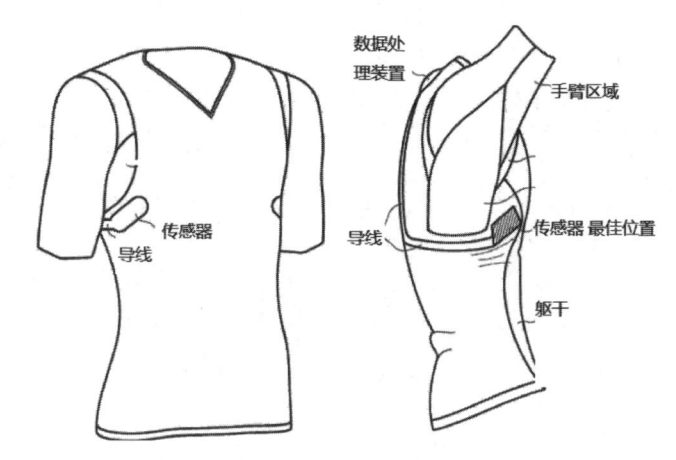

图15 ZL201310464595.1说明书附图

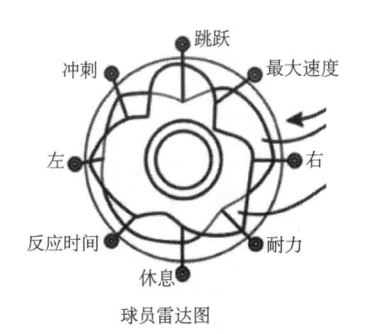

图16 ZL201310128792.6说明书附图

· 105 ·

除了上文中涉及的专利之外，其他各路企业都有相应的专利布局，一家名为 CATAPULT 体育的企业也有很多相关申请。另外，很多国际品牌的相关申请都在澳大利亚有专利同族。小赢猜测可能是由于澳大利亚人喜爱运动、相关市场需求较大的原因。

总结

总之，这些国内外企业都不约而同地瞄上了足球智能可穿戴产品这块"新蛋糕"。在开发出丰富产品的同时，国内外厂家也没有停止对相关专利的全球布局。相关企业无论是在其基础上进行再创新，还是在开发时合理回避可能出现的专利风险或壁垒，本文中的这些专利都是不能忽视的。

本文作者：
国家知识产权局专利局
专利审查协作北京中心通信部
张嘉凯

20 钢琴的专利解剖课

> 小赢说：
> 　　有一种痛苦叫妈妈让我学琴，有一种艰辛叫陪娃练琴。有着"乐器之王"美誉的钢琴，是如何成为一件完美的乐器呢？也许读了它的技术发展史，无论是学琴还是陪练都能有一分释然。

　　有一种痛苦叫妈妈让我学琴，有一种艰辛叫陪娃练琴，说好的"只是陶冶情操、增加艺术修养"呢？说好的"不发飙不怒吼"呢？为了避免在"咆哮帝"的道路上越走越远，小赢带孩子去听了一场英伦钢琴家Will的《钢琴解剖课》。从水生物的腮和牙齿了解钢琴的进化，从"处女座的收纳箱"认识巴赫的平均律，从"融化的冰激凌"感受复调……原来钢琴也能这么玩！！！

　　不得不说，虽然没有官方宣传的"学钢琴纠结一万遍，不如上一堂《钢琴解剖课》"这么神奇，但确实是脑洞大开，引得小赢忍不住手痒，也想对这大家伙"开开刀"。随手一搜，真是不看不知道，一看吓一跳，这个已有300年高龄的家伙竟已积累了近两万件专利，大到整体外型框架，小到内部的琴键弦槌，无一不是在革新和进步中造就了我们现在看到的这一近乎完美的乐器。

　　图1展示了钢琴进化各时期的重要创新。可以看到，以西方音乐发展时期为线索，现代钢琴的诞生可以追溯到巴洛克时期的1709年。B.Cristofori制造了第一架钢琴，之后又创造了"擒纵"结构，发明了带小槌的键盘机械，奠定了现代钢琴机械的基础[1][2]。只是当时的音域只能达到四组，想想那时的琴童好幸福啊。但缺点也是显而易见的，即音域的局限不言而喻。这一时期的音乐强调华丽的装饰和戏剧性的对比，我们所熟知的巴赫所创作的《平均律钢琴曲集》被称为钢琴届的"旧约全书"。

　　到了古典主义时期，钢琴制造业迅速发展，最大限度地扩大钢琴键盘的音域范围，几乎成了钢琴初期发展的重要课题，特别是内部击弦机的改进使得

---

[1]　罗燕.钢琴乐器及钢琴音乐的历史发展[J].中国优秀硕士学位论文全文数据库—哲学与人文科学辑，2011（5）：12-37.

[2]　栎中.千锤百炼铸乐魂——钢琴工艺的发展[J].乐器，2004（3）：51-53.

钢琴键盘的音域范围不断扩大，例如G.Silbermann及其徒弟J.A.Zumpe将双杠杆击弦机（double lever）发展成为有名的"英国式击弦机"（见图2），斯坦因（J.A.Stein）制造的"维也纳式击弦机"，Johannes Broadwood对框架和音板的设计等，上述改进使得钢琴键盘的音域扩大至六组。

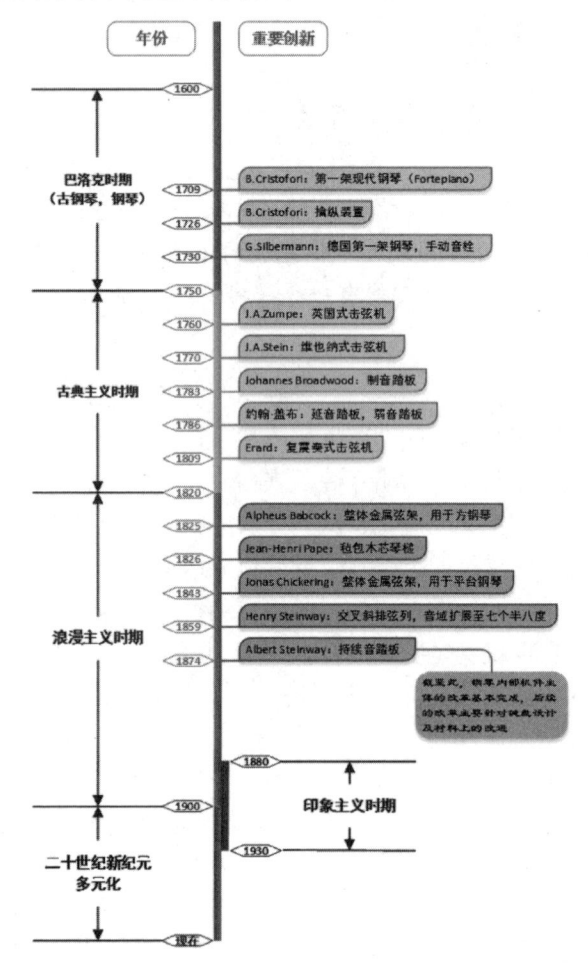

图1　钢琴进化各时期的重要创新

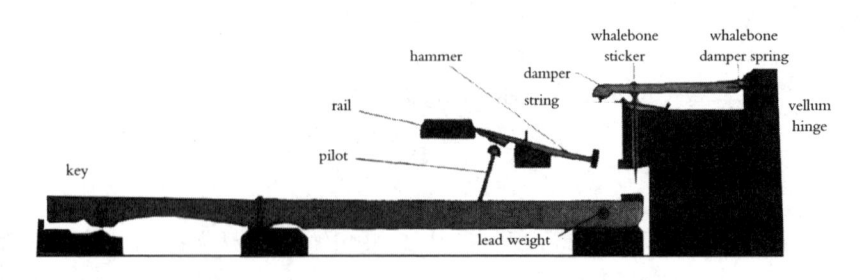

图2　J.A.Zumpe制于1775年的方形钢琴击弦机

这一时期，诸多著名音乐家们的反馈和作品也成为了钢琴的发展和完善的原动力。如莫扎特曾在与斯坦因等制琴师的交流过程中提出中肯的改进乐器的建议，促进了维也纳式击弦机钢琴的改进和完善；贝多芬更是创作了32部钢琴奏鸣曲、5部钢琴协奏曲、10部钢琴小提琴奏鸣曲，这极大地分发挥了钢琴的性能，推动了钢琴音乐的传播。

进入浪漫主义时期后，钢琴主要是从音域的扩展和音质的改善等方面不断改进，特别是增加稳定性和坚固性，以使其能够承受更大的琴弦张力，其中许多制琴技法得以确定并沿用至今。

1825年，美国的Alpheus Babcock创造了金属框架（USX4292），用铸铁制成的弦列支架取代了木质弦架，增强了弦架对琴弦张紧后所产生的巨大张力的承受能力，为其采用乐音更为丰富的钢质琴弦而弦架不致变形提供了可能[1]。该项专利被用于方钢琴的制造。

1843年，美国波士顿的钢琴制造师Jonas Chickering将金属框架用于平台钢琴并申请了专利（US3238，见图3）。

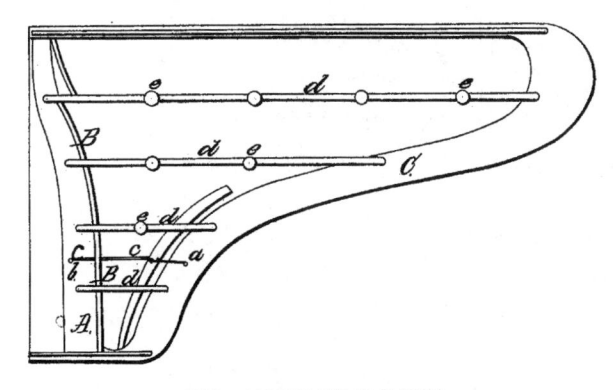

图3 US3238说明书附图

1859年，德国钢琴制作师Henry Steinway将交叉斜排弦列代替平行排列弦用于平台钢琴（US26532，见图4），同时将琴弦加粗加长，用钢丝制作，增大了琴弦的张力，这使钢琴的音域扩展到了七个半八度。钢琴的88颗"铁齿铜牙"至此长全。

除了弦架的变革和弦列方式的改变，这一时期，钢琴的其他机件结构及其材质也历经了多次变革和改进。

键盘作为钢琴结构中最重要的组成部分之一，在音乐艺术史上被称为浪漫主义时期的19世纪，人们在规范化的基础上，又从审美和创新的角度集中对其形式进行多样化设计[2]。例如John Dwight（US2081）、T.F.Simpson（US176365）和

---

[1] 王耀中.钢琴的起源与发展（二）[J].音乐周报，2001（7）.
[2] 邵申弘.钢琴键盘的演变与发展[J].技术天地，2009：12-15.

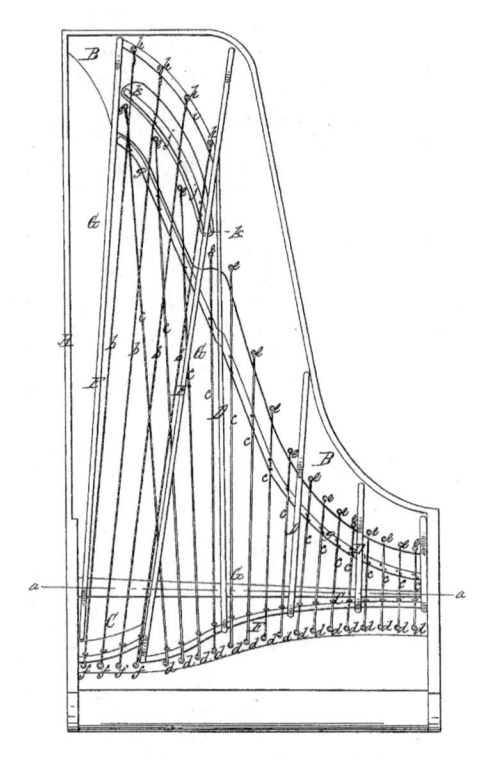

图4 US26532说明书附图

Gustav Neuhaus（US246805，见图5）分别设计了具有凹曲度的键盘，目的是方便演奏者操作，特别是当键盘包含六组、七组或者更宽音域时，演奏者的手指也能便利、准确的够到最边缘的键并保持舒适和优雅的姿态。

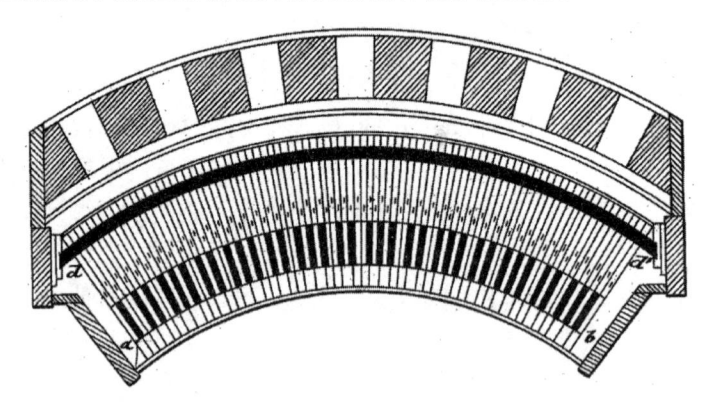

图5 US246805说明书附图

19世纪末期，多排琴键的设计成为时尚。例如：1871年，W.D.Edgar发明了两排琴键的钢琴（US119335，见图6），第一排包含音符A，B，#C，#D，F，G，A &c.，第二排包含音符#A，C，D，E，#F，#G，#A &c.，横向可调整的

·110·

金属板D和E用于指示若干音阶，这样排列的好处是每一组音阶都能按照C大调音阶的规则弹奏。

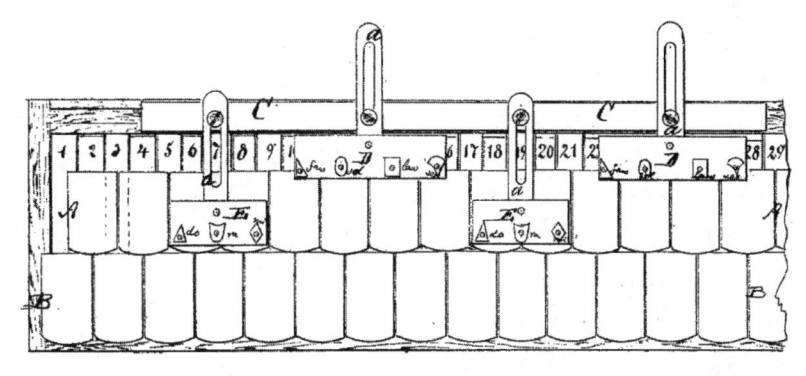

图6　US119335说明书附图

1874年，Martin H.Mcchesney设计了三排琴键（US161806，见图7），其音符排列如图7所示，各个琴键具有统一大小和形状且呈台阶状逐层排列，这种设计的目的在于方便演奏者操作且使手型更加自然准确。

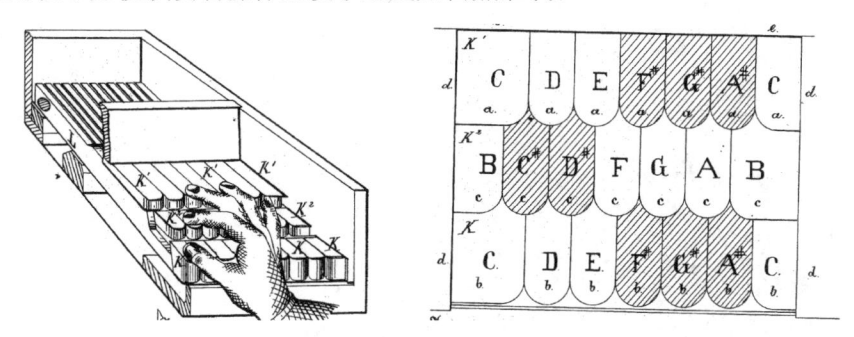

图7　US161806说明书附图

更有甚者，1887年，Paul V.Jankó发明了六排琴键（US360255，见图8）。其中，第1、3、5列属于同一组音符，第2、4、6列属于另一组音符，为了便于操作和识别，所有的琴键都略微向演奏者倾斜，且所有升降音都用黑键表示。

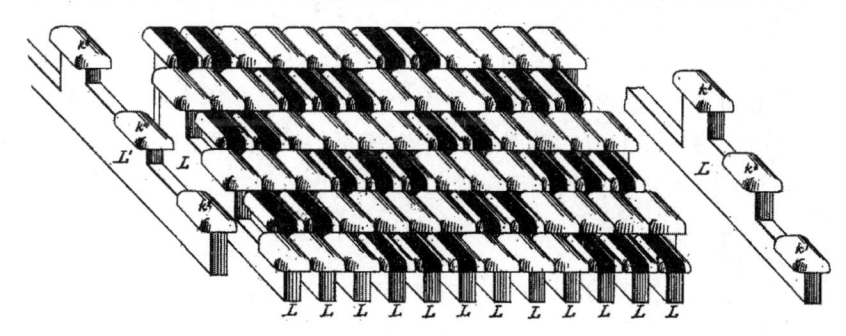

图8　US360255说明书附图

以现代的眼光，以上设计虽非主流，但仍对现代钢琴键盘的规范化做出了重要的探索和改进。

到了20世纪，钢琴本身的主要构造没有再发生重要变革，人们考虑的更多的是如何使演奏者在弹奏时有更舒适的感觉，更自如的展现，对此，针对键盘上琴键的材质进行了一系列的改进。象牙和黑檀木曾一度被认为是制造钢琴白键和黑键的最佳原料，但是出于资源和生态保护以及降低成本的考虑，人们需要寻找其他的替代方式。

以雅马哈为例，从20世纪80年代起至今，一直在寻找能够替代天然材料且具有优越触感的人造材料。例如，公开号为EP0371939B1的专利公开了一种人造琴键材料，其包含树脂和分散在其中的陶瓷纤维，这种材料制得的琴键具有很强的吸湿性，能够高效的吸收手指的汗液，且具有和天然材料相似的触感，其中分散在表面的纤维还能适当提高表面摩擦系数以起到防滑作用。

公开号为EP0445647A2的专利申请公开了一种类似象牙品质的琴键材料（见图9），由热固性树脂和填料制备而成的硬树脂作为基体，大量热塑性树脂颗粒均匀的分散在其中，且在热塑性树脂颗粒周围还分布有较多微孔；该组成使得琴键具有与象牙相似的良好触感和耐久性。

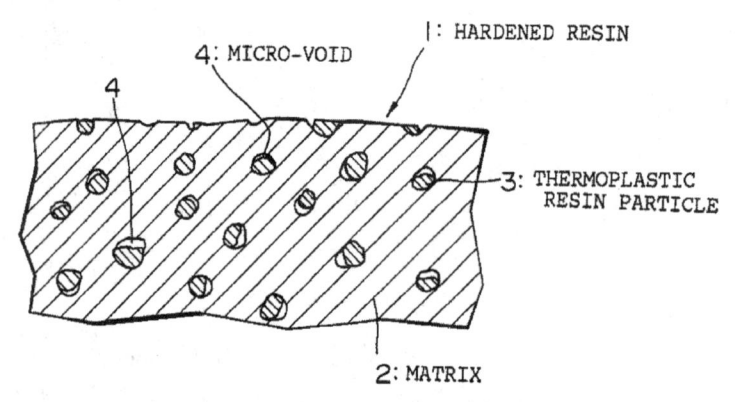

图9　EP0445647A2说明书附图

专利号为ZL200610068114.5的发明则涉及一种键结构（见图10），其包括顶板，通过用双色注射成型将半透明的树脂表面层元件层叠在树脂底侧元件上形成顶板，且顶板固定在木制键基体上。多个凹槽与突起，和多个突起与槽分别沿键结构的纵向沿直线一起形成在表面层元件的背面和后侧元件的顶面上，外部光从槽和突起的顶端反射，由此使与凹槽和突起形成的凹凸部对应的模糊且自然的垂直条纹图案被感知为与象牙的直边纹理相似的图案。

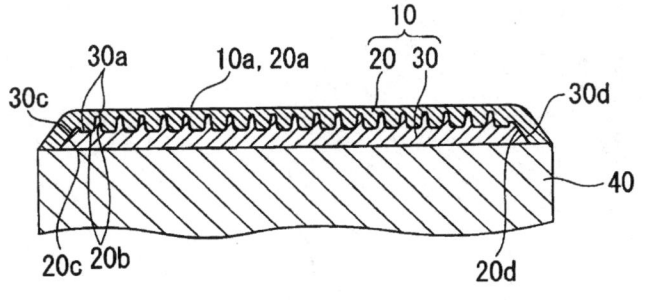

图10　ZL200610068114.5说明书附图

结语

  300年，钢琴都进化了，学琴是不是也可以进化一下了呢！难道这么精妙的艺术品就是为了把家长逼成大魔头，这么多优美的旋律就是为了虐娃而存在？答案必须是No。静下心和孩子一起了解钢琴和音乐的历史，俯下身触摸钢琴富有质感的皮肤，细细体会历代钢琴制造技师们的心血结晶。学琴虽然辛苦，但可以不痛苦。相信小琴童们能在这来之不易的悠扬琴声中感受音乐的美好和快乐！

本文作者：
国家知识产权局专利局
专利审查协作北京中心材料部
林丹丹

第三章　健康养生

创意生活

语专利

21　失眠者的福音——Gravity 重力毯

> **小赢说：**
> 　　它是某知名众筹网站的明星，超募金额达到 17991%；它也是 2018 年《时代》周刊评选出的年度 50 大发明新品。它就是接下来要介绍的"Gravity 重力毯"。殊不知在这个爆款产品发售前，相关专利已经沉睡了十年……

什么是重力毯？

　　这是一款帮助用户睡好、睡饱，每天起床精神焕发，能量满满地投入工作，有效减缓失眠压力，舒缓精神焦虑和抑郁的助眠"神器"。甚至有人评说，盖重力毯堪比服用对全身都有效的夜用泰诺。

重力毯长什么样子？

　　与市面上的被子不一样，Gravity 重力毯（见图1）最大的特点就是：重！
　　根据适用人群体重的不同，Gravity 分为三个等级（见图2）。体重在46~68kg的人，毯子的推荐重量为15磅（7kg）；体重在69~90kg的人，毯子的推荐重量为20磅（9kg）；体重在91kg以上的人，毯子的推荐重量为25磅（11.5kg）。
　　这样分级的目的是让使用者选择最接近体重10%的款式，因为这个重力仿佛被人拥抱着入睡，具有很好的改善睡眠的效果。

图1　Gravity 重力毯的外形[①]　　　　图2　Gravity 重力毯的重量分级

---

　　① 图1、图2、图5、图7来自Gravity 重力毯的官方广告 https://v.qq.com/x/page/p0504eprve2.html。

Gravity 重力毯的科学依据

早在婴儿时期，母亲们用被子或衣服紧紧地包裹住宝宝，使他们平静下来；在孩童时期，当被噩梦惊醒时，年幼的孩子们会用力抱紧毛绒玩具，来摆脱噩梦带来的心理上的恐惧；当一份出色的工作得到回报时，他人会轻拍你的背，以表示鼓励；或者当我们与所爱的人重聚时，我们会产生想与他们长时间拥抱的想法。

有相关研究表明：拥抱可以使人从"战斗或逃避"的紧张状态中平静下来，可以减少应激激素皮质醇的释放，增加血清素和多巴胺等"快乐荷尔蒙"的释放；同时，对肢体的物理压力可能会增加可以对抗细菌、病毒甚至是癌细胞的"自然抗菌细胞"。这项研究也从理论上证明了直接的身体接触（如拥抱）与重力的压迫，对健康有很重要的作用。

那么，盖重被子或重毛毯就可以解决问题啦？等一下，我国东北人民不是早就在使用吗？不就是增加重量嘛！实在不行咱们可以多盖几床被子来实现。

以往使用加厚加重的棉被是为了保暖。也就是说，当棉被重量高达5kg时抗寒保暖的作用已经完全能够实现，再多盖一床的话……真地不会捂出汗来吗？即便是5kg以上的一床棉被，所占体积也太大些……所以沿着传统保暖又不至于捂出汗的思路，市面上推出了主打轻薄保暖的蚕丝被、羽绒被等。这都与"重力毯"要解决的技术问题不同。而且还记得Gravity重力毯的的重量吗？是7~11.5kg！

Gravity 重力毯的里面填充了什么？

Gravity重力毯如此重是怎么做到的？答案揭晓：是无毒高密度塑料颗粒、安全的陶瓷颗粒、石英石颗粒其中的一种或多种。上述颗粒被填充在每个小网格之中（参见图3中颗粒212的填充方式）。

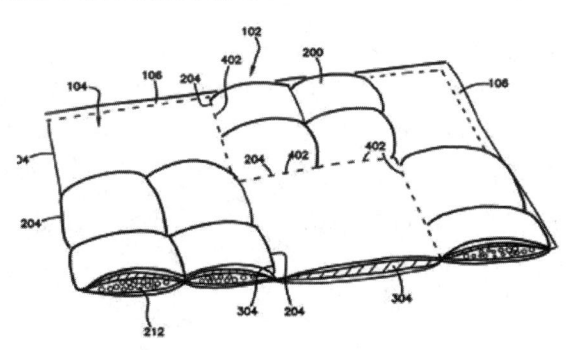

图3 US7870623B2的说明书附图

"重力毯"的相关专利保护

通过用户调查，78%的参与者表示，重力毯确实帮助他们降低了对焦虑的感知水平。如此有效又广受欢迎的创新产品，在被赫芬顿邮报、NBC（美国全美广播公司）今日秀、ELLE杂志、雅虎健康网、全球之声、快公司美国商业杂志等各大媒体争相报道后，迅速被市场上各竞争对手争相仿制。此时，Gravity重力毯的母公司能否以知识产权作为武器进行维权应对呢？带着这样的问题，对"重力毯"的相关专利进行了检索。

首先，检索到一件早于Gravity重力毯的众筹发起日（2017年）的加拿大专利申请，和本产品非常像。在CA2937789A1中提到：该专利申请保护一种具有减缓失眠压力、舒缓精神焦虑和抑郁的重力毯，并首次明确提出该重力毯的重量是人体重量的10%~12%（见图4）。

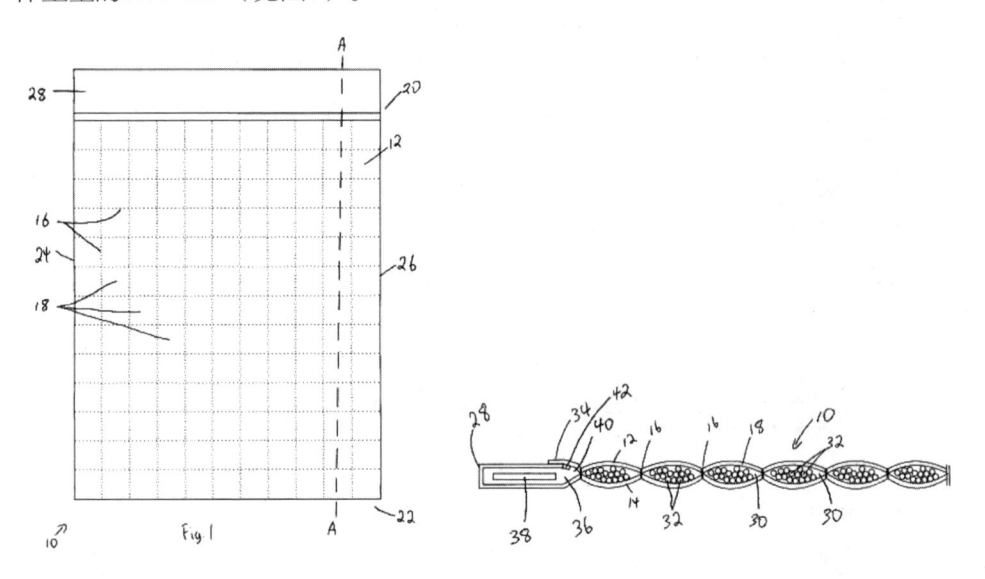

图4　CA2937789A1、US2018/0035832A1 的说明书附图

然而这件专利的申请人并非来自Gravity重力毯的母公司或其发明团队。值得一提的是，该加拿大专利申请的美国同族US2018/0035832A1已被美国专利与商标局驳回，驳回时所采用的对比文件是一件也与Gravity重力毯产品很像，却来自十年前的美国专利US7870623B2：一种基于深层压力原理治疗精神焦虑人群的重量被（见图5）。原来，Gravity重力毯的原型在十年前已经有人提出，并一直沉睡中。

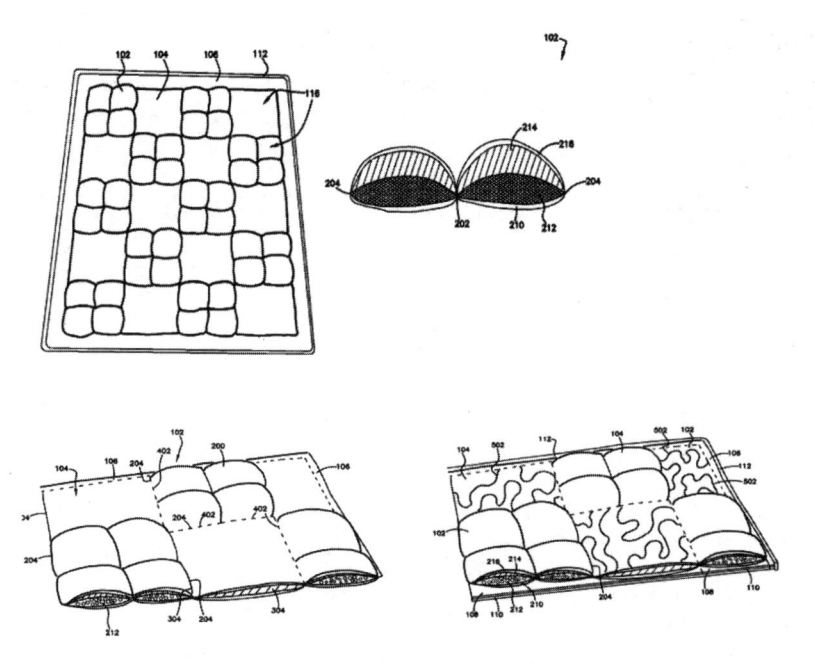

图5　US7870623B2的说明书附图

当然，这时候我们并没有停止检索，于是又检索到了这样一件来自欧洲的专利EP0729340B1，该专利保护一种基于压力感的治疗毯，并记载压力感能够使人产生平静的情绪（见图6）。也就是说，给予压力感治疗睡眠的产品，最早可以追溯到24年以前。

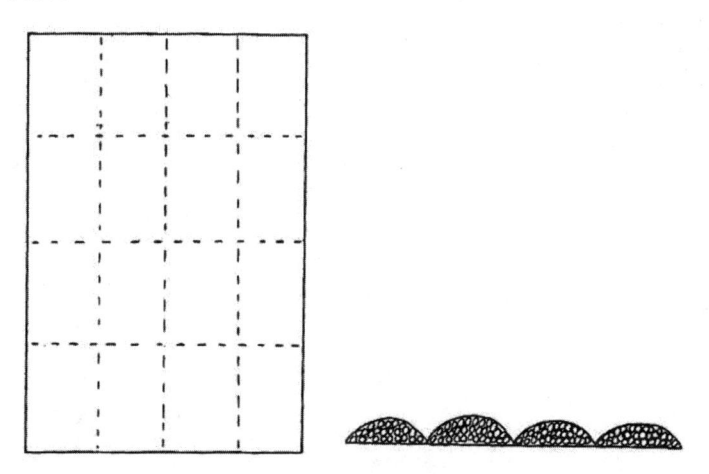

图6　EP0729340B1的说明书附图

那么问题来了，Gravity重力毯的母公司究竟手里有没有自主专利呢？经过多方调查，只能遗憾的告诉大家：尽管这个由众筹项目走近大众视野的Gravity重力毯产品取得了商业上的成功，但目前手中却没有该产品相关的专利权。其官方也

·119·

印证了我们的猜测：产品正品资质保证，专项授权产销（而非专利授权产销）。

但换一个角度，Gravity重力毯的创业团队却给了大家另一种创业成功的可行方式，那就是在自己的领域多翻一翻那些尘封的专利技术，说不定就给你带来一款爆款产品的灵感。

当然，对于那些自主创新的团队来说，众筹前也不要忘记申请专利！

本文作者：
国家知识产权局专利局
专利审查协作北京中心光电部
瓮龙明

22　揭开宫颈癌疫苗的面纱

> **小赢说**：
> 　　5月25日，2016支九价人乳头状瘤病毒（简称HPV）疫苗运抵海南省琼海市博鳌超级医院，首支疫苗在30号开始接种。预计到年底，九价HPV疫苗会在北京上市，届时会有三种HPV疫苗可供选择，该不该打？该打哪一种？希望上述疑问在看完小赢的功课后能找到答案！

　　癌症是恶性肿瘤中最常见的一类，作为目前医学界最难攻克的难题，大家都是谈癌色变。而宫颈癌是妇科第二常见的恶性肿瘤，仅次于乳腺癌，是全球女性第四大恶性肿瘤。99.7%的宫颈癌都是人乳头状瘤病毒（简称HPV，见图1）感染引起的。外表看起来美丽实则隐藏着剧毒，说的就是它吧！

　　HPV有很多种类型，迄今已经发现了100多种亚型，根据对人体的威胁分成高危型和低危型。其中10~20种是容易导致宫颈癌的危险的，而里

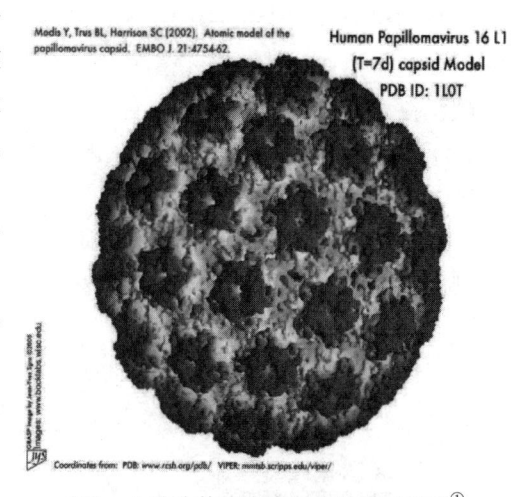

图1　人乳头状瘤病毒衣壳的原子模型[1]

面最危险的是16和18亚型，16亚型导致了50%的宫颈癌，18导致了17%左右的宫颈癌。HPV感染除了引发宫颈癌，还与阴茎癌、肛门癌和生殖器疣有关。Nature官网2013年底发表的文章还指出，头颈癌和口咽癌均与HPV感染有关。

　　女性一生中感染HPV的机会约80%，大多数情况下会被人体自动清除，少数能形成长期感染，只有持续超过2年以上的感染才会有问题。而从HPV感染到出现肿瘤病变，则会历经5~10年的时间。幸运的是，宫颈癌是唯一可以通过疫苗预防的癌症。而宫颈癌疫苗，准确地说是HPV疫苗，仅仅预防由特定HPV病毒亚型

---

[1]　图片来源：www.bocklabs.wisc.edu。

引起的宫颈癌，对于其他不包含在预防范围内的HPV病毒亚型或者其他原因引起的宫颈癌没有预防作用。

HPV疫苗主要以具有天然空间结构的合成L1晚期蛋白病毒样颗粒作为靶抗原，诱发机体产生高滴度的血清中和性抗体来中和病毒，并协助肿瘤特异性杀伤T淋巴细胞清除病毒感染。加上刚刚上市的九价疫苗，目前国内HPV疫苗有二价、四价和九价三种。虽然目前国内三种HPV疫苗均是进口的，但是其早期的发明者却是中国人。此处应有掌声！

HPV疫苗不是用真正的病毒生产的，而是用1991年伊恩·弗雷泽博士和周健博士合作发明的病毒样颗粒（简称VPLs）生产的。1989年，已经小有名望的弗雷泽到英国剑桥大学学术休假。在那里，他"幸运地"遇见了改变他一生的人，这就是来自中国的青年科学家周健博士。周健博士与妻子孙小依当时正在剑桥大学Lionel Crawford教授的实验室工作，从事癌症和病毒研究。弗雷泽回国前，热情邀请周健夫妇去澳洲工作，夫妇俩在昆士兰大学的免疫实验室和弗雷泽共同研究人工合成HPV疫苗。在克服了种种困难之后，在1993年，通过在酵母细胞中重组和表达衣壳蛋白L1，使其自动聚合成"病毒样颗粒"，并且这一颗粒在动物实验中被验证为有效（相关专利申请见图2）。这种颗粒本身是蛋白，不含病毒感染成分却能刺激身体产生免疫反应，这是人类医学史上的一项突破。

1999年，当疫苗的第Ⅲ期临床研究还在进行中，该疫苗的重要发明人之一的周健博士回中国进行学术访问时突发疾病去世，年仅42岁。

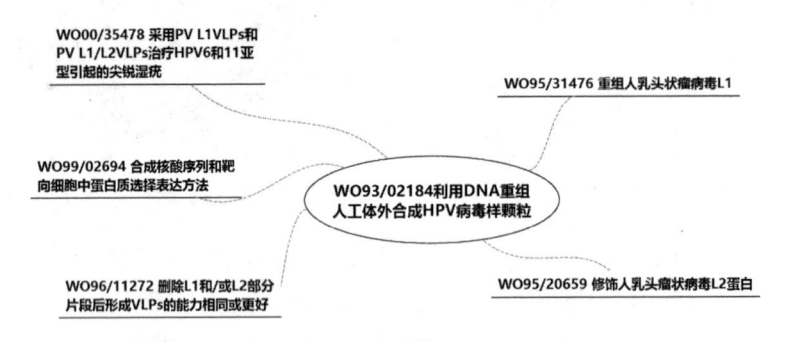

图2 周健生前和弗雷泽提出的VLPs相关专利申请

由欧洲专利局主办的2015年欧洲发明奖在其官方网站投票产生。投票结果显示，在全部4.7万张网上投票中，超过32%的投票者将选票投给了周健和弗雷泽发明的全球首个HPV疫苗"佳达修（Gardasil）"，成功开发全球第一种HPV疫苗的已故中国癌症研究专家周健和澳大利亚免疫学家伊恩·弗雷泽荣获最受欢迎发明奖（上述内容摘自浙大校友网）。

1991年周健和弗雷泽在西雅图国际会议上首次公开自己的发现,为疫苗研发指明了方向。随后,美国乔治敦大学的研究组Schlegel在1992年发现,L1蛋白要激发人体的免疫力,颗粒的好坏才是关键,并进行了相关专利布局(WO9321958A1、WO0204007A2、WO2005008248A2、WO2010065907A2等)。同时美国国家癌症研究所利用L1蛋白制造出近乎完美的类病毒颗粒(WO9405792A1),目前上市的疫苗都是这类只含L1蛋白的颗粒。

截至目前,我国已经批准了HPV二价、四价和九价疫苗上市。简单地说,不同价数对应可以预防的HPV病毒亚型数量(见表1)。二价主要针对宫颈癌,只适用于女性。四价和九价除宫颈癌外,还可以预防HPV导致的阴茎癌、肛门癌、生殖器疣等疾病,男女都能接种(虽然男性也可以接种,但目前大陆地区仅允许女性接种)。

表1 三大HPV疫苗对比

	二价HPV疫苗	四价HPV疫苗	九价HPV疫苗
预防病毒种类	HPV16 HPV18	HPV16 HPV18 HPV6 HPV11	HPV16 HPV18 HPV6 HPV11 HPV31 HPV33 HPV45 HPV52 HPV58
适用人群	9~45女性	20~45岁女性	16~26岁女性
防控宫颈癌率	84.5%	84.5%	92.1%
疫苗给药	第0、1、6月注射给药 6个月内完成3针	第0、2、6月注射给药 6个月内完成3针	第0、2、6月注射给药 6个月内最佳 6~12月均可
价格	670元/针	888元/针	5800元/3针

二价HPV疫苗由葛兰素史克公司(下称GSK)生产,商品名为希瑞适(见图3),2017年获批上市。二价HPV疫苗能够预防HPV16和HPV18两种病毒,这两种类型占欧美HPV感染的70%左右,而亚洲女性易感的主要是HPV16和HPV52,HPV18在我国感染率较低。二价HPV疫苗对于中国女性来说,基本只能预防感染几率约30%的HPV16。

四价HPV疫苗由默沙东公司(下称MSD)生产,商品名为佳达修(见图4),2017年获批上市。四价HPV疫苗能预防HPV16、HPV18、HPV6和HPV11四种类型,相对二价疫苗增加的HPV6和HPV11均属于低危亚型。可见,注射二价疫苗和注射四价疫苗对于中国女性来说作用几乎相同。

图3　二价HPV疫苗①

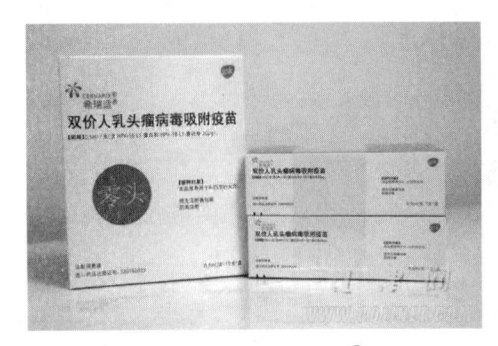

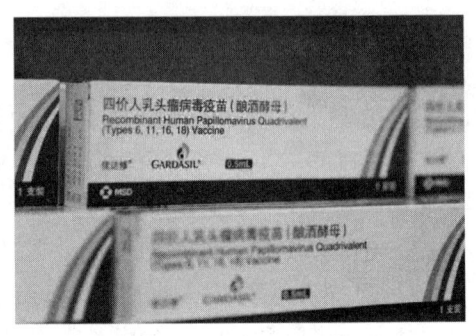

图4　四价HPV疫苗②

九价HPV疫苗同样由MSD生产，商品名为加卫苗（见图5），2018年4月有条件获批上市。九价HPV疫苗相对四价HPV疫苗增加了5个高危HPV类型，包含了亚洲女性常见的易感高危HPV类型52和58亚型。

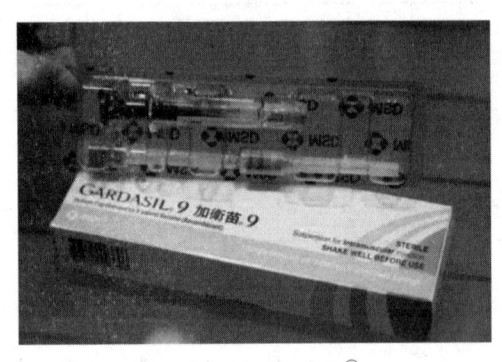

图5　九价HPV疫苗③

九价HPV疫苗目前是依据国外临床试验数据有条件批准上市，在中国的临床试验并未完全开展。境外临床试验研究数据显示，九价HPV疫苗临床试验有2000余例亚裔人群，分布于中国香港、中国台湾、日本、韩国等。将纳入临床试验的中国香港和中国台湾人群单独分析，发现与全球人群的结果是一致的。这是将九价HPV疫苗纳入有条件批准的基础。HPV的防护时间为5年，北欧的研究显示，接种后10年的保护能力是没有问题的④。

就接种年龄来说，WHO并未对三种疫苗做任何倾向性推荐，仅是认为其预防HPV16/18相关宫颈癌的效力和效果并无差别。至于怎样选择，WHO对于HPV疫苗的免疫规划是优先接种未发生过性行为的9~14岁青春期前女性。对于这一群体的优先免疫，可以带来良好的群体免疫效应，社会效益最大。对于大龄女青年、已婚女青年，应在了解三种疫苗的特点和适用人群范围后谨慎选择。

我国市场潜力巨大，跨国公司非常注重在我国HPV疫苗领域的专利布局，就申请量而言，MSD和GSK排在前两位。

---

① 图片来源：www.cqjjnet.com。
② 图片来源：m.sohu.com/a/220434316_688339/?pvid=000115_3w_a。
③ 图片来源：m.btime.com/item/router?gid=46nj3r9kpe392qpo6ksdu8gpp4d。
④ 广东卫生信息微信公众号。

希瑞适在进入中国市场之前，GSK就在中国进行了长期而周密的专利布局，在VLP选择和制备、佐剂组成、密码子优化、多联疫苗、接种方法等领域均有涉及。同时采取了多重保护策略，例如针对HPV16和HPV18提交保护范围略有不同的专利申请，并且均要求优先权，在保护范围扩大的同时也达到了延长保护期的目的。另外，其在多联疫苗方面申请较多，例如同时预防HBV、HSV和HPV的疫苗（见图6）。但是，随着国内四价疫苗和九价疫苗的获批上市，GSK在HPV疫苗的推广和销售方面并不顺利。

MSD购买昆士兰大学周健等人的最早基础专利，在此基础上开展研发工作。在佳达修上市之前，就围绕其核心技术提交了一系列的专利申请，从L1/L2蛋白病毒样颗粒的形成、病毒蛋白的分离和纯化、病毒蛋白的高水平表达和稳定化、多价疫苗、疫苗制剂和疫苗工艺等角度入手，形成脉络清晰、保护全面的专利保护布局。由于MSD早期申请保护期逐渐失效，其选择通过疫苗制剂的技术更新继续提出专利申请，通过改变疫苗制剂延长HPV疫苗的专利保护时长（见图7）。

虽然GSK和MSD在HPV疫苗市场属于竞争对手，但双方进行了专利交叉许可，处于友好的"玩耍"状态，避免知识产权纠纷的同时对外构建专利壁垒，基本垄断了HPV疫苗领域。其他企业在研发HPV疫苗时如果想要避免侵权问题可能需要另辟蹊径。

国内也有不少研究机构和企业研发HPV疫苗。厦门大学和北京万泰生物药业股份有限公司于2006年就提出了从大肠杆菌中纯化人乳头瘤病毒晚期蛋白L1方法的专利申请（ZL200610140613.0），并于2015年获得授权。2015年6月厦门大学和厦门养生堂生物技术有限公司的重组人乳头瘤病毒16/18型双价疫苗（大肠杆菌）已进入Ⅲ期临床试验阶段。2015年4月上海泽润生物科技有限公司重组人乳头瘤病毒双价疫苗Ⅱ期和Ⅲ期临床试验均在进行中，成都生物制品研究所和北京生物制品研究所联合申请四价重组HPV疫苗（6，11，16，18型）Ⅱ期和Ⅲ期临床试验。2018年4月北京康乐卫士生物技术股份有限公司、泰州天德药业有限公司和黑河小江生物制药有限公司重组三价人乳头瘤病毒（16/18/58型）疫苗（大肠杆菌）进入Ⅰ期临床试验阶段。国内HPV疫苗一旦上市，大家接种的成本会降低不少（临床试验信息总结自原国家食品药品监督管理总局管网CFDA）。

当然，小赢还要强调一下：孕妇、急性感染人群和免疫缺陷人群不宜接种HPV疫苗。最后，HPV疫苗的接种有助于降低罹患宫颈癌的风险，但是注射疫苗并不能100%预防宫颈癌，同样要进行定期宫颈癌筛查。

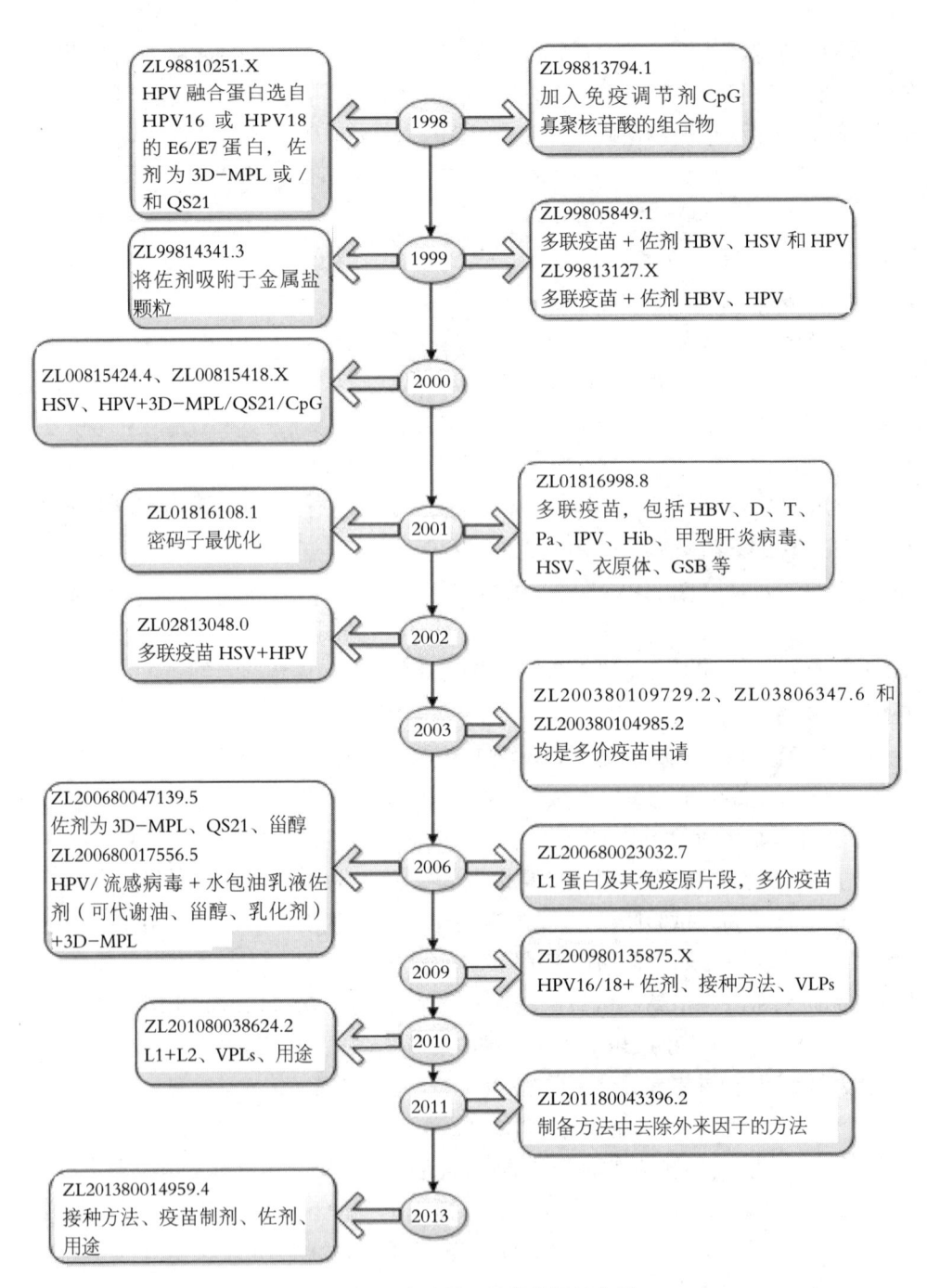

```
┌─────────────────────────┐                      ┌─────────────────────────┐
│ ZL98810251.X            │                      │ ZL98813794.1            │
│ HPV融合蛋白选自         │        ┌────┐        │ 加入免疫调节剂CpG       │
│ HPV16 或 HPV18          │⇐══════│1998│══════⇒│ 寡聚核苷酸的组合物      │
│ 的E6/E7蛋白，佐         │        └────┘        │                         │
│ 剂为3D-MPL 或/          │           ║          └─────────────────────────┘
│ 和QS21                  │           ║          ┌─────────────────────────┐
└─────────────────────────┘           ║          │ ZL99805849.1            │
┌─────────────────────────┐        ┌──╨─┐        │ 多联疫苗+佐剂 HBV、HSV 和 HPV │
│ ZL99814341.3            │⇐══════│1999│══════⇒│ ZL99813127.X            │
│ 将佐剂吸附于金属盐      │        └──╥─┘        │ 多联疫苗+佐剂 HBV、HPV  │
│ 颗粒                    │           ║          └─────────────────────────┘
└─────────────────────────┘           ║
┌─────────────────────────────┐    ┌──╨─┐
│ ZL00815424.4、ZL00815418.X  │⇐══│2000│
│ HSV、HPV+3D-MPL/QS21/CpG    │    └──╥─┘
└─────────────────────────────┘       ║          ┌─────────────────────────┐
                                      ║          │ ZL01816998.8            │
┌─────────────────────────┐        ┌──╨─┐        │ 多联疫苗，包括HBV、D、T、│
│ ZL01816108.1            │⇐══════│2001│══════⇒│ Pa、IPV、Hib、甲型肝炎病毒、│
│ 密码子最优化            │        └──╥─┘        │ HSV、衣原体、GSB等      │
└─────────────────────────┘           ║          └─────────────────────────┘
┌─────────────────────────┐        ┌──╨─┐
│ ZL02813048.0            │⇐══════│2002│
│ 多联疫苗 HSV+HPV        │        └──╥─┘
└─────────────────────────┘           ║          ┌──────────────────────────────────┐
                                   ┌──╨─┐        │ ZL200380109729.2、ZL03806347.6 和 │
                                   │2003│══════⇒│ ZL200380104985.2                 │
                                   └──╥─┘        │ 均是多价疫苗申请                 │
                                      ║          └──────────────────────────────────┘
┌─────────────────────────────┐       ║
│ ZL200680047139.5            │       ║
│ 佐剂为3D-MPL、QS21、甾醇    │       ║          ┌─────────────────────────────────┐
│ ZL200680017556.5            │    ┌──╨─┐        │ ZL200680023032.7                │
│ HPV/流感病毒+水包油乳液佐   │⇐══│2006│══════⇒│ L1蛋白及其免疫原片段，多价疫苗  │
│ 剂（可代谢油、甾醇、乳化剂）│    └──╥─┘        └─────────────────────────────────┘
│ +3D-MPL                     │       ║
└─────────────────────────────┘       ║          ┌─────────────────────────────────┐
                                   ┌──╨─┐        │ ZL200980135875.X                │
                                   │2009│══════⇒│ HPV16/18+佐剂、接种方法、VLPs   │
                                   └──╥─┘        └─────────────────────────────────┘
┌─────────────────────────┐        ┌──╨─┐
│ ZL201080038624.2        │⇐══════│2010│
│ L1+L2、VPLs、用途       │        └──╥─┘
└─────────────────────────┘           ║          ┌─────────────────────────────────┐
                                   ┌──╨─┐        │ ZL201180043396.2                │
                                   │2011│══════⇒│ 制备方法中去除外来因子的方法    │
                                   └──╥─┘        └─────────────────────────────────┘
┌─────────────────────────┐        ┌──╨─┐
│ ZL201380014959.4        │⇐══════│2013│
│ 接种方法、疫苗制剂、佐剂、│      └────┘
│ 用途                    │
└─────────────────────────┘
```

图6　GSK在我国HPV疫苗相关专利

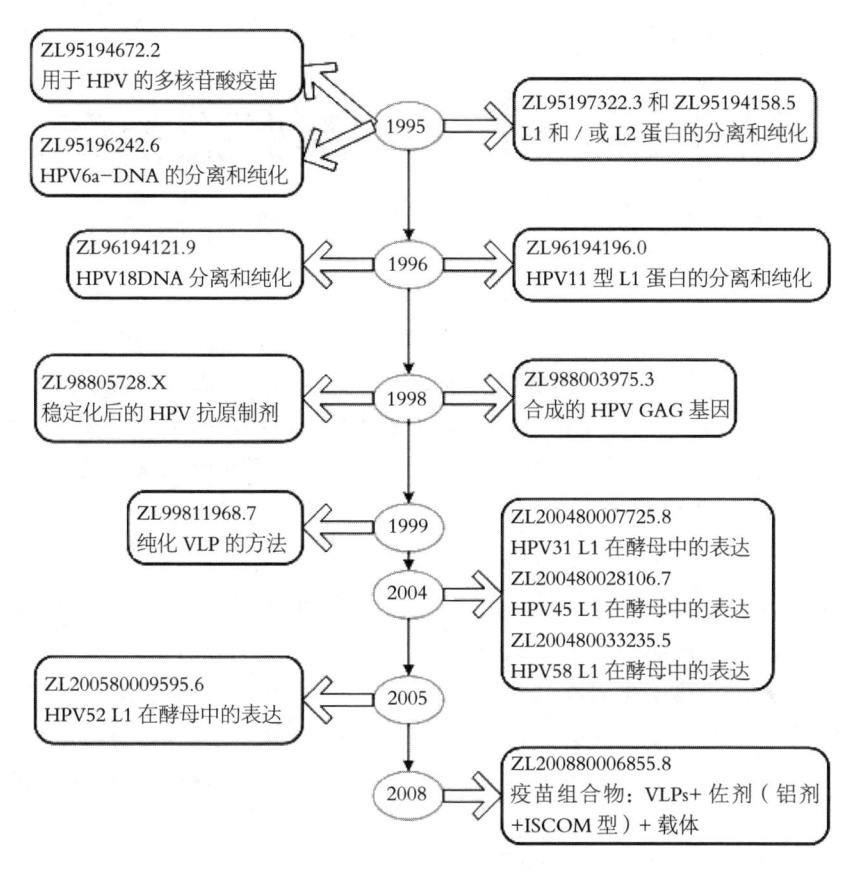

```
┌─────────────────────┐
│ ZL95194672.2        │          ┌─────────────────────────────┐
│ 用于 HPV 的多核苷酸疫苗 │◁──┐      │ ZL95197322.3 和 ZL95194158.5 │
└─────────────────────┘   │      │ L1 和/或 L2 蛋白的分离和纯化    │
                         (1995)▷─└─────────────────────────────┘
┌─────────────────────┐   │
│ ZL95196242.6        │◁──┘
│ HPV6a-DNA 的分离和纯化 │
└─────────────────────┘

┌─────────────────────┐          ┌─────────────────────────────┐
│ ZL96194121.9        │◁─(1996)▷│ ZL96194196.0                │
│ HPV18DNA 分离和纯化   │          │ HPV11 型 L1 蛋白的分离和纯化   │
└─────────────────────┘          └─────────────────────────────┘

┌─────────────────────┐          ┌─────────────────────────────┐
│ ZL98805728.X        │◁─(1998)▷│ ZL988003975.3               │
│ 稳定化后的 HPV 抗原制剂 │          │ 合成的 HPV GAG 基因          │
└─────────────────────┘          └─────────────────────────────┘

┌─────────────────────┐          ┌─────────────────────────────┐
│ ZL99811968.7        │◁─(1999) │ ZL200480007725.8            │
│ 纯化 VLP 的方法       │          │ HPV31 L1 在酵母中的表达       │
└─────────────────────┘  (2004)▷│ ZL200480028106.7            │
                                │ HPV45 L1 在酵母中的表达       │
                                │ ZL200480033235.5            │
                                │ HPV58 L1 在酵母中的表达       │
                                └─────────────────────────────┘
┌─────────────────────┐
│ ZL200580009595.6    │◁─(2005)
│ HPV52 L1 在酵母中的表达 │
└─────────────────────┘
                         (2008)▷┌─────────────────────────────┐
                                │ ZL200880006855.8            │
                                │ 疫苗组合物：VLPs+ 佐剂（铝剂    │
                                │ +ISCOM 型）+ 载体            │
                                └─────────────────────────────┘
```

图7　MSD在我国HPV疫苗相关专利

本文作者：
国家知识产权局专利局
专利审查协作北京中心材料部
殷实

23　谁才是药神？——格列卫的抗癌之路

> **小赢说**：
> "命，就是钱！""你能保证永远不得病吗？""他只想活着，犯了什么罪！"。没错，这就是电影《我不是药神》的经典台词。那么，命和钱能否相提并论？为什么买药治病就成了犯罪？小赢想和大家一起讨论一下，究竟谁才是"药神"？

还记得大火的电影《我不是药神》吗？电影海报上的主人公们个个眉开眼笑，但看过的观众却感慨良多：患者觉得生命诚可贵、只想活下去有什么错，原产药企觉得投入了那么多时间精力金钱、想收回成本有什么错，知识产权从业人员认为专利强制许可制度怎么莫名其妙"背了锅"、按照法律规定保护专利有什么错……总之，这部电影内容牵扯几方观点博弈，就像打麻将一样相互掣肘，实现多方共赢似乎是无法调和的矛盾。

那么，影片中提到的救命神药到底是什么？引发各方激烈讨论的矛盾又是什么？让我们一起来了解一下这个被推上神位的药物——甲磺酸伊马替尼（见图1），商品名称：格列卫，电影化名：格列宁。

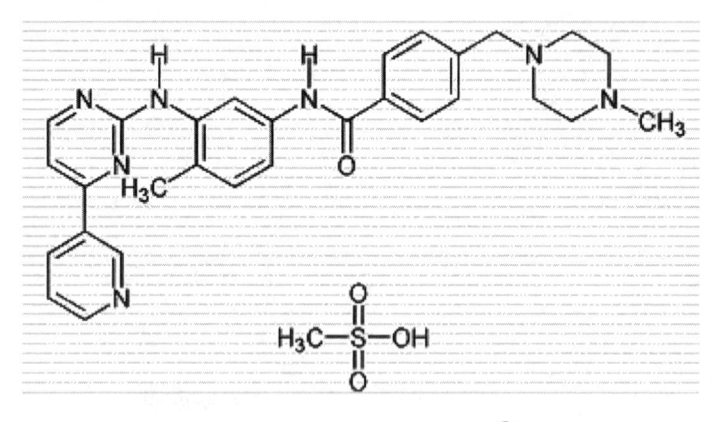

图1　甲磺酸伊马替尼结构式①

---

①　图片来源：中国药物专利数据库检索系统。

神药的诞生

说格列卫是里程碑式的发现并不为过。从1960年费城染色体的发现，到1990年慢性粒细胞白血病（CML）的分子生物学之谜破解（见图2），仅该疾病的基础研究就已经历了长达30年的漫长过程；从基础研究走向药物研发，更是一路披荆斩棘（此处省略上万字）。在临床试验大获全胜的基础上，美国FDA（食品药品监督管理局）授予新药审批快速通道待遇，于2001年被批准用于费城染色体阳性CML患者的治疗，并在第二年被批准应用于胃肠道间质肿瘤（GIST）的治疗，同期也很快被欧盟专利评审委员会（CPMP）批准应用于临床。

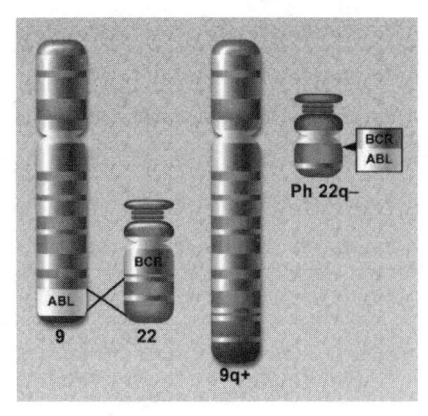

图2 染色体异位示意[①]

在格列卫的孕育过程中，直接或间接造就了两项"世界第一"（首次发现肿瘤细胞中的染色体变异、首次发现染色体易位现象）、5位美国科学院院士、5位拉斯克临床医学研究奖得主（美国的诺贝尔奖），以及1位美国国家自然科学奖得主（类似我国的最高科学技术奖）。格列卫凝聚着多个国家几代遗传学家、分子生物学家、肿瘤学家、药学家、临床医学家的共同智慧，更是基础研究所、药物研发公司、临床医疗中心密切合作造就的转化医学的世纪经典，它将慢性粒细胞白血病转变为一类慢性病，代表了一种全新癌症治疗策略，是精准医学的楷模。

与格列卫相关的专利如表1所示。

表1 格列卫相关专利[②]

专利授权号	申请日	申请人	主题	备注
US5521184	19940428	Ciba-Geigy公司	化合物	
US6894051B1	19980716	诺华公司	晶型	该专利的中国同族（CN1134430C），在中国获得授权，申请人诺瓦提斯公司，授权公告日 20040114

---

① 图2来源及参考文章：郭晓强.靶向治疗的典范，精准医学的楷模：从费城染色体到格列卫[J].生命世界，2016（3）：72-77.

② 数据来源：FDA网站－橙皮书。

续表

专利授权号	申请日	申请人	主题	备注
US6958335B2	20051025	诺华公司等	胃肠基质瘤用途	该专利的中国同族（CN1276754C），在中国先获得授权，后第三人江苏豪森药业集团有限公司提出无效宣告请求，专利复审委员会宣告专利权全部无效。后经知识产权法院和北京市高级人民法院二级裁定，最终驳回诺华公司的上诉请求，维持原判
US7544799B2	20060905	诺华公司	晶型	
USRE43932E	20110921	诺华公司	晶型	

要论药物含金量之高，除了格列卫还有谁！

原研药企：天使 or 恶魔

我们继续回到电影。影片中制药企业以负面形象示人，它漠视患者的生命，是恶魔、是吸血鬼、是唯利是图的不良商贩。而事实如何呢？实际上，原研药企才是将基础研究应用于临床疾病治疗的关键环节。2014年，美国塔夫茨大学药物发展研究中心（Tufts CSDD）的报告显示，如今开发一种新的处方药平均成本已经达到了26亿美元，这些数据来自10家大型医药公司。药物的研究时间往往在10年以上，药物通过审批后还需要后续的3.12亿美元来研究剂量强度、配方和新的适应症等。也就是说，总成本会达到29亿美元以上。前期投入的大量成本只有通过药品的销售来回收，更何况新药研发的宿命往往九死一生，哪个成功的药品背后不是同时养活着几个"穷亲戚"？

现实生活中，药企对患者也并不完全是冷漠的态度，例如电影中化名为诺瓦公司的诺华制药这类大公司，经常通过援助的方式对符合条件的患者赠予部分抗肿瘤药物使用。例如，诺华制药于2003年9月在中国正式启动中华慈善总会格列卫患者援助项目，截至2017年底，累积超过6万名慢性髓性白血病、急性淋巴细胞白血病患者和胃肠道间质瘤患者获得格列卫药物援助，援助药品发放点超过97个。该援助项目在中国获得了多个奖项[①]，这些赠药行为也确实为患者减轻了不小的经济负担。所以，实际上药企并非电影中那样不尽人情，毕竟影视作品是通过突出矛盾才能更加吸引观众从而获得票房的保障。

---

① 诺华制药官网 https://www.novartis.com.cn/nuo-hua-zai-zhong-guo/qi-ye-ze-ren/ge-lie-wei。

纵观朋友圈关于这部电影的各种转发和评论，其中一类观点引起了"小审们"的关注。这些人认为是知识产权的保护导致药品价格居高不下；也是因为知识产权的保护使得国家无法进口低价药物，使患者无法以低廉的价格获得更好的治疗。如果能像印度一样打开仿制药物的大门，岂不是如天使降临般拯救无数患者吗？如此说来，似乎中国对知识产权的保护才是电影中让程勇获罪真正的"罪魁祸首"，也是患者维护自己生命权的阻碍根源。那么事实是否如此呢？

知识产权：为新药问世保驾护航

首先我们来简单了解一下印度专利法的相关内容。印度1970年颁布的专利法仅对于药物的生产工艺授权，对药品本身不予保护，这犹如对本国制药企业的仿制行为打开了一把巨大的保护伞，对生产方法稍作变更即可避开侵权的风险。仿制药与原研药相比，由于在前期研究方面的简化，使得产品价格方面具有巨大优势，成为了无数患者的"救命药"。电影中程勇倒卖的印度仿制药格列宁（VEENAT 100）就是其中之一。

而我国自1985年开始实施《中华人民共和国专利法》，在1993年的修订本中将原先排除在外的药品专利列入保护范围，这就决定了中国各大制药企业依法不能在专利药品的保护期内对其进行仿制。两国现行法律不同，听上去似乎印度的法规更有人情味，不仅有利于本国制药企业的生存，也更利于患者维系自己最根本的人身权益。但事实上，新药研发过程之艰难是众所周知的，研发企业的前期投入只能通过将药品上市出售来回收。若没有专利制度的保护，大量仿制药物拉低药价，原研药企无法在价格上与其抗衡而丧失市场占有率，不能回收前期的资金投入，自然没有动力对新药进行深入研发。

试想，如果诺华公司因为被仿制而无法获得资金的保证，那么格列卫是否能够顺利走向临床都是未知数，CML患者即使手中把握金山银山也买不到精准治疗的机会。再者，格列卫的适应证有限，低价格的药物对于这一类患者的确带来了福音，但假设原研药企因为保护制度的缺失、资金的短缺而放弃对新药的研发，则无法应对不断出现的新病种，整个人类的医疗水平也将停滞不前，对于其他患者而言是否也无形中剥夺了他们的生命权呢？

另外，我国专利法第四十二条规定，发明专利权的期限为二十年，自申请日起计算；同时，专利法第九条规定，同样的发明创造只能授予一项专利权，两个以上的申请人分别就同样的发明创造申请专利的，专利权授予最先申请的人。可见，要想抢先获得专利制度的保护，提出申请的日期尤为重要。药物的研发过程艰难复杂，往往在初步研究阶段就需要提出专利申请以抢占先机，而专利申请的审查同样需要耗费一定的周期，专利申请能够获得授权又经过了几年时间，无形中进一步缩短了专利保护的期限，对于药企来说进一步增加了生产成本。如果没有专利制度的保护，原研药企如何获得持续的动力和资金的支持而对新药进行持续不断的研发并投入临床从而治疗更多的患者呢？

反观大家普遍认为更具人性化的印度专利法，在加入WTO之前，印度专利法对于药品专利是不予承认的。而随着加入WTO，作为成员国之一，印度也必须履行其应尽的义务，因此作为WTO发展中成员国，在十年过渡期结束时，印度不得不恢复对药品专利的保护，与TRIPs协定的规定保持一致。这也是引发诺华公司在印度提起对格列卫药品专利诉讼战的源头[1]。

可见，尽管不情愿，印度对于药品专利的保护也是逐步强化的。随着印度对原研药物的高质量仿制，以及出口它国后赢得的良好的口碑和丰厚的利润，仿制药已经给印度制药业带来了良性的循环，仿制同时能够将获得的大量经费致力于新药的研发。当印度的新药研发能力达到一定的高度时，不排除其将会进一步对专利法进行修改以保护本国原研药物的合法权益，持续地推动新药的研发。所以仿制并不是目的，而是持续创新的一种途径。

从这个角度来说，我国对于药品的专利保护制度已经先行一步，为新药的研发和未来的发展做足了前期技术保护的外衣。国内创新药物在这种专利政策下得以逐步发展，不少内资企业因为拥有自主知识产权而在创新能力、研发资金方面得到了持续的发展和保障，恒瑞医药、贝达药业、智飞生物等就是典型代表。它们经历了从仿制走向创新的艰难过程，已经成为具备强大研发实力的成熟上市药企，产品涵盖范围广泛，随着公司授权专利数量的提升也带来了股价的上涨，为企业的资金提供保障。

而新药发展过程中的两个核心因素正是知识产权保护和研发资金的来源。从长远来看，我国知识产权的保护制度与西方药物研发注重的"no patent, no drug"的原则十分吻合，也是药企获得有力保护和充足资金的基本保障，从而在新药研发中获得持续的动力，最大程度地惠及更多疾病的患者，成为真正的中国"药神"。

振奋人心：进口抗癌药品零关税

至于药品的价格，正如电影台词说的："命，就是钱！"这也正是CML患者冒着违法风险费劲周折购买低价仿制药的原因。对此，国家已经给予越来越多的重视。

2018年4月12日，李克强总理主持召开国务院常务会议，根据《中华人民共

---

[1] 陈沄泓.印度《专利法》对其制药业的保护及启示[J].江苏科技信息，2012,（11）：1-3.

和国进出口关税条例》相关规定，为减轻广大患者特别是癌症患者药费负担并有更多用药选择，自2018年5月1日起，以暂定税率方式将包括抗癌药在内的所有普通药品、具有抗癌作用的生物碱类药品及有实际进口的中成药进口关税降为零，使我国实际进口的全部抗癌药实现零关税，较大幅度降低抗癌药生产进口缓解增值税税负。

国家同时研究综合措施，采取政府集中采购、将进口创新药特别是急需的抗癌药及时纳入医保报销目录等方式，让群众感受到急需抗癌药价格有明显降低；加快创新药进口上市，并加强知识产权保护，对创新化学药设置最高6年的数据保护期，对在中国与境外同步申请上市的创新药给予最长5年的专利保护期限补偿，强化监管、严打制假售假。

正如李克强总理所说，进口抗癌药仅降到零关税还不够，必须采取综合措施，多环节、多渠道层层压减进口抗癌药品价格。一份《关于开展抗癌药省级专项集中采购工作的通知（征求意见稿）》也在业界流传。关于抗癌药物的利好消息也是越来越多，从集中采购、医保政策改革等多方面做出保障，让患者实实在在的享受到政策福利（见图3）。

图3 相关新闻标题

从近期多个信息来看，以更低的价格购入疗效更好的药物指日可待。现实生活中，将逐渐不再依靠"程勇"来满足患者只想活下去的基本需求，专利保护制度也将成为神药诞生的"神助攻"！

本文作者：
国家知识产权局专利局
专利审查协作北京中心医药部
尹瑶菲　于莉

24　养殖业的后抗生素时代

> **小赢说：**
> 很多人都知道养殖业的抗生素滥用问题，但是问题有多严重？如何来解决？小赢试着用专利技术给出问题的答案。

2017年8月23日，美国快餐连锁巨头麦当劳公司宣布，要求全球的肉鸡供应商从2018年开始逐步停止使用对人类优先重要的抗生素（HPCIA），以防止出现更多的超级细菌。然而，中国并未出现在麦当劳声明的首批名单中（见图1）。

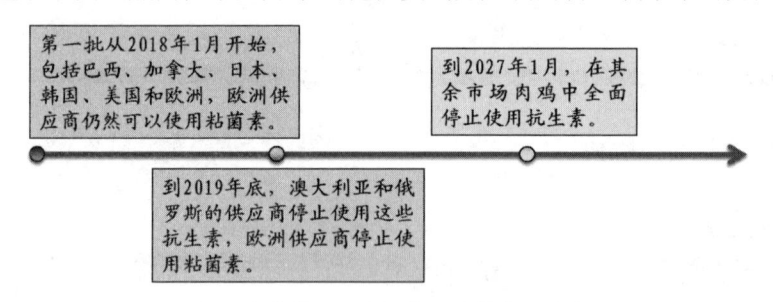

第一批从2018年1月开始，包括巴西、加拿大、日本、韩国、美国和欧洲，欧洲供应商仍然可以使用粘菌素。

到2019年底，澳大利亚和俄罗斯的供应商停止使用这些抗生素，欧洲供应商停止使用粘菌素。

到2027年1月，在其余市场肉鸡中全面停止使用抗生素。

图1　麦当劳2017年8月23日的声明内容

HPCIA是被世界卫生组织定义为对人类医学有着"最高优先级的中药抗菌药物"。麦当劳并非停用所有抗生素，正常养殖过程中所需要用到的普通抗生素并不受影响。

关于中国未被列入首批名单这一情况，麦当劳中国回应称："在中国，麦当劳与全球减少使用抗生素的目标一致，并一直与政府相关部门、供应商、行业协会、学术专家密切合作，根据中国农业的实际情况，推进行业的可持续发展。以禽类饲养为例，在治病过程中合理使用抗生素是必须的，供应商会在兽医的指导下用药，药品的种类、用法和用量严格遵守中国相关法律法规。"按照麦当劳的声明，包括中国在内的剩余麦当劳市场供应商要求在2027年1月全面停止使用上述抗生素。

什么是超级细菌？2010年8月，印度发现了一种新的病菌（NDM-1），该病菌对抗药物的能力十分强大，几乎能抵抗所有抗生素，被称为"超级细菌"。这种"超级细菌"的形成原因，在很多专家看来"滥用抗生素"是罪魁祸首。

在畜牧水产养殖过程中，抗生素的使用非常广泛。因为抗生素可以有效地预防疾病，维持动物健康，促进动物生长，提高饲料转化率，提高收益。目前，我国养殖业中滥用抗生素的问题依然比较严重。据统计，全国抗生素年产量的近一半被动物使用。合理使用抗生素、防止抗生素滥用，是预防超级细菌流行的最重要的手段。

饲用抗生素问题已成为社会广泛关注的问题，抗生素的合理使用在我国也受到高度重视。2017年的中央一号文件明确提出全面提升农产品质量和食品安全水平，深入开展农兽药残留超标，特别是养殖业滥用抗生素治理，严厉打击违禁超限量使用农兽药、非法添加和超范围超限量使用食品添加剂等行为。2019年3月13日，为贯彻落实《国家遏制细菌耐药行动计划（2016-2020年）》和《全国遏制动物油细菌耐药行动计划（2017-2020年）》，维护动物食品安全和公共卫生安全，农业农村部畜牧兽医局发布了"关于征求《药物饲料添加剂退出计划（征求意见稿）》意见的函"。药物饲料添加剂退出计划主要包括退出除中药外的所有促生长类药物饲料添加剂品种，饲料生产企业停止生产含有促生长类药物饲料添加剂的商品饲料等内容。

当前，研究和开发替代抗生素的新型饲料添加剂产品已成为热点，酸化剂、中草药添加剂、益生素、酶制剂、低聚糖等具有防病促生长作用的饲料添加剂，引起了人们极大的重视。

饲料酸化剂已成为目前国际公认的促进动物生长的绿色饲料添加剂之一。但是，酸化剂在胃中吸收过快，无法达到小肠，不能有效地发挥抑菌杀菌的作用，而且部分酸化剂具有强烈的气味，影响饲料的适口性。所以，如何找到一种缓释、控释型酸化剂，并同时能够避免酸化剂特殊气味的对饲料的不利影响，提高产品的流动性，并可在动物消化道内的缓慢释放，一直是饲料领域的热门研发方向。

最初的研究中，通常采用酸化剂吸附方法，就是将各类酸化剂吸附在白炭黑、二氧化硅这样的多孔结构吸附载体上，相关方法可见较早的专利（ZL96112390.7和ZL200410061290.7）。吸附方法虽然简单实用，但利用吸附法制备得到的酸化剂会有部分裸露在载体颗粒的表面，与饲料接触后易造成营养物质的损失，更无法达到小肠。

随后，包膜缓释酸化剂出现了。例如专利ZL201010622417.3中提到的制备方法，酸化剂采用双层包被技术，对有效成分具有较好的保护效果（见图2）。

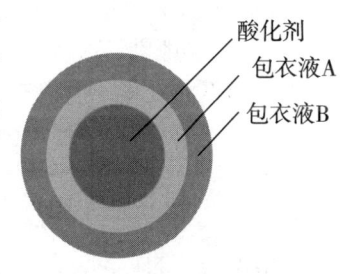

图2 采用双层包被技术制备的酸化剂

中国专利申请ZL200910111086.4披露了一种乳化技术生产饲用酸化剂的制备方法,根据缓释控制原理,结合赋形材料物化特性,对混合酸采用乳化处理,然后把乳化液喷洒在二氧化硅载体上,使其充分吸附形成粉体,最后在粉体物料中喷涂耐高温包衣材料将酸化剂颗粒进行包膜处理(见图3)。

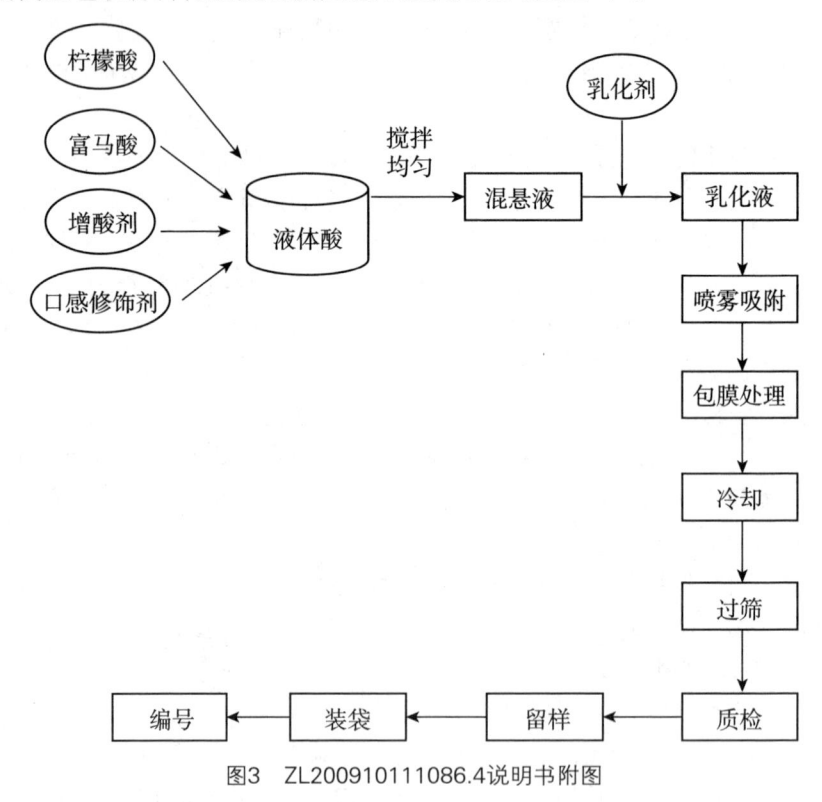

图3 ZL200910111086.4说明书附图

再之后,就出现了今天重点推荐的一项专利技术(ZL201210086152.9)提供的方法:微囊化包膜法(见图4、图5)。该方法是先使酸化剂(丁酸钠)嵌入到骨架材料,再通过包膜材料对酸化剂进行微囊化包膜处理,使包膜后的酸化剂处于微囊包材中,在胃中稳定,在肠道缓慢释放,能够到达肠道后段。使用该方法可得到有效成分含量很高(达到70%)的缓释酸化剂产品。

微囊化包膜制备得到的酸化剂可使有效成分顺利到达肠道后段,同时掩盖有效成分的不良气味,提高产品的稳定性。杭州康德权饲料有限公司(以下简称康德权)的该项专利(ZL201210086152.9)获得了第十九届中国专利奖优秀奖。

而通过小赢对康德权公司的追踪,发现该公司能获得中国专利奖并不是偶然的。

根据公司的官网介绍,康德权公司具有20年的专业包膜经验,是全球三大专业包膜企业之一,在行内素有"康德权包膜专家"的美誉。康德权也是国内第一家做包膜丁酸钠的企业,目前公司主营的包膜丁酸钠有猪用和鸡用两种产品。康德权也是目前全球唯一根据不同动物的肠道特点，细分生产出不同剂型的包膜丁酸钠的企业。而针对动物特性的细分化研究，正是美国乔治亚大学的科学家认为的包膜领域的发展方向。

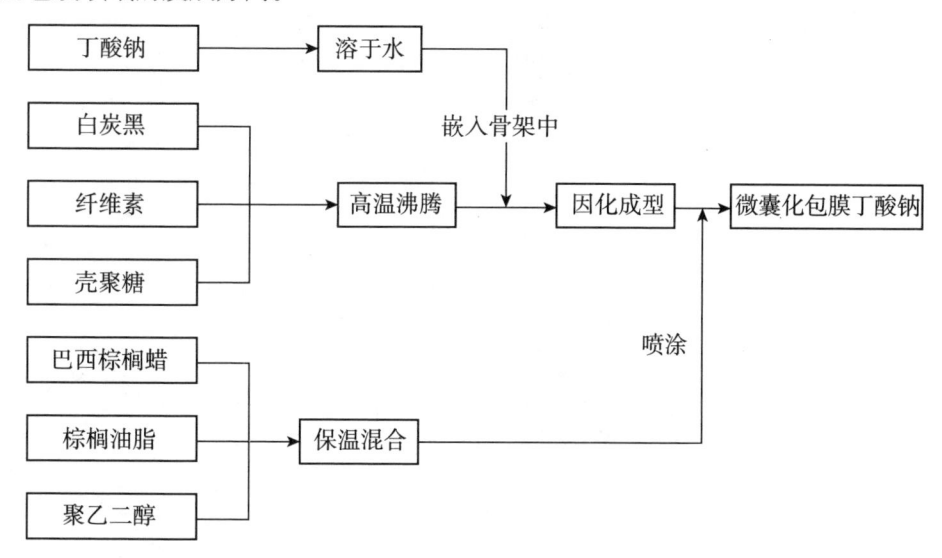

图4　ZL201210086152.9说明书附图

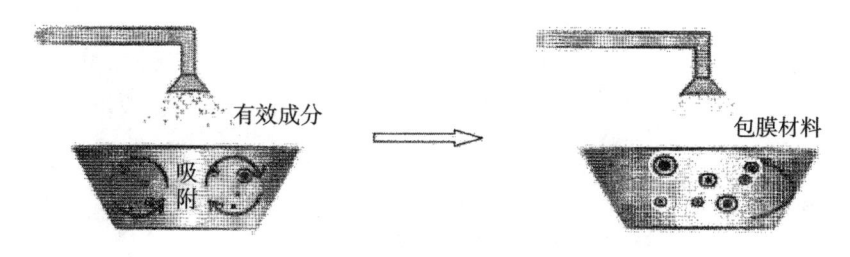

图5　ZL201210086152.9说明书附图

　　同时，康德权公司非常注重专利布局，从2005年至今已经获得多件发明专利。通过阅读康德权公司的专利我们了解到，在包膜丁酸钠之后，为了能精确测定丁酸钠的含量，公司开发了"使用HPLC法测定丁酸和丁酸钠的方法"，并提交了与包膜丁酸钠的应用有关的两件专利申请。随后，公司开发了包膜氯化钙、微囊化微生态制剂、包膜酸化剂等产品。

　　康德权作为国内甚至是全球知名的包膜企业，其专利申请量并不大，其中的原因可能是多方面的。就饲料行业整体而言，行业的技术积累和开发能力相对薄弱，多是通过引进或者仿制的方式推出新产品。而且，饲料行业的应用性比较强，国内饲料企业的知识产权保护意识也普遍薄弱，多是需要什么就研发什么，研发什么就保护什么。

　　饲料行业是关系民生的基础行业，饲料企业在今后的发展中，既要有自主创

· 137 ·

新能力，又要加强知识产权保护意识和专利布局意识，提升市场竞争力，只有这样，才能在市场竞争中立于不败之位。

最后，希望我国的畜牧养殖业早日进入无抗生素时代。但愿我们以后吃到的肉、蛋、奶等畜产品都是无抗生素的。

本文作者：
国家知识产权局专利局
专利审查协作北京中心医药部
毕晓华

25 今天你冲牙了吗？

小赢说：

你听说过世界卫生组织提出的"8020 计划"吗？该计划简单来说，就是希望大家到 80 岁的时候，还能保留 20 颗健康可用的牙齿。要完成这样的计划，每天只刷一两次牙是不够的。接下来小赢就用专利技术助您保护口腔卫生、关注牙周健康，完成属于您的"8020 计划"。

随着人们对个人口腔护理的重视，"口腔五宝"应运而生。它们就是牙刷（电动牙刷）、牙间刷、牙线、水牙线、漱口水。大部分人都很了解牙刷、牙线、漱口水，但什么是牙间刷呢？

顾名思义，牙间刷就是用来清理牙间隙的刷（见图1）。当牙缝略大时，可用牙间刷来清理牙缝；当正畸时，可用牙间刷来清理牙套与牙齿之间的食物残渣。

那么水牙线又是什么"黑科技"？水牙线还有一个名字，叫冲牙器，就是通过水流冲击的方式来清洁牙齿的设备（见图2）。

世界上第一台冲牙器（见图3）是在1960年，由美国牙医杰兰德·迈尔（Gerald Moyer）和工程师约翰·马特里（John Mattingly）历时4年的努力和146次试验后成功发明的。

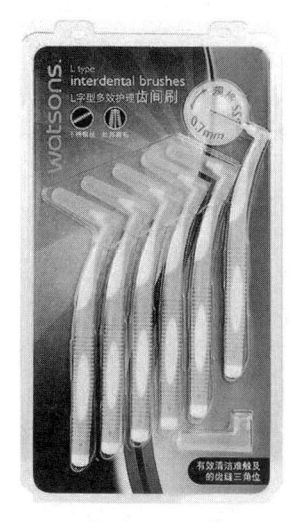

图1　牙间刷[1]

图2　冲牙器工作示意[2]

---

[1] 图片来源：屈臣氏官网 https://h5.watsons.com.cn/goods?item_uid=11_2980。

[2] 图2~图9来自洁碧官网 http://www.chinawaterpik.com。

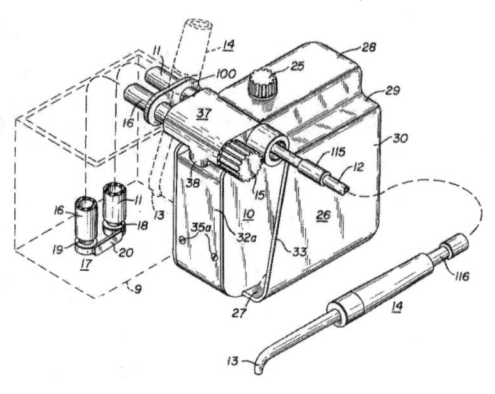

图3　早期冲牙器实物图和US3227158说明书附图

两位具有商业头脑的发明人随后联合创立了AQUA TECH公司（Water pik公司的前身），Water pik在中国的名字是洁碧有限公司（以下简称洁碧）。

看上去略显笨重的早期冲牙器奠定了冲牙的基本原理：采用高速喷射脉冲水流冲洗牙齿。那感觉，就像牙齿遇到了星矢的天马流星拳：无数的小水流拳拳冲掉牙齿表面的污渍，同时对你的牙龈进行按摩。

洁碧的专利技术和专利产品奠定了该公司在冲牙器行业首屈一指的江湖地位。至今，洁碧公司的核心产品无一不有全面的专利保护。

经典系列

洁碧经典系列（见图4）的主要特点：1200次/min强劲脉冲水流，按摩牙龈，6段水压调节，1000mL大水箱、配4支喷头。经典系列考虑到了手持喷嘴的储存和

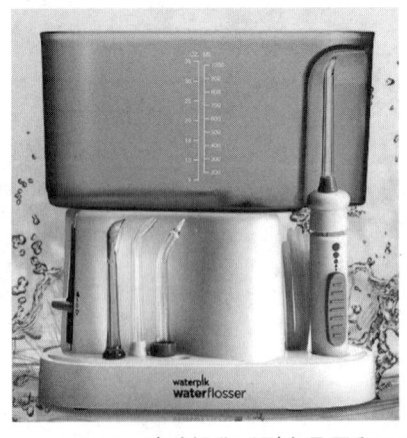

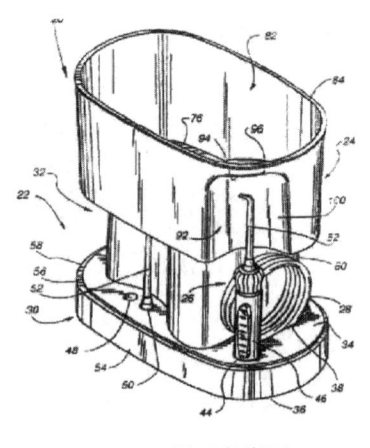

图4　洁碧经典系列产品图和ZL201420007000.X说明书附图

保护，在储水器的上方设计了凹槽。另外，由于具备超级大的水箱，使用时需固定在台面上，特别适合家用。超级大的水箱一次储水足够全家人冲洗牙齿。

经典标准系列

洁碧经典标准系列（见图5）的主要特点：按摩牙龈，10段无极调压，密闭刷头储藏室，360°旋转喷头，600mL超大水箱，注水一次可满足一家三口的日常所需，带7支不同功能专业喷头。

通过专利申请我们了解到，洁碧在本系列中对高压泵体做了改进，将原本固定的高压泵改为能够随着压力输出往复晃动，这样减少了机身的振动，避免了储水器中的水在使用中飞溅到台面上。

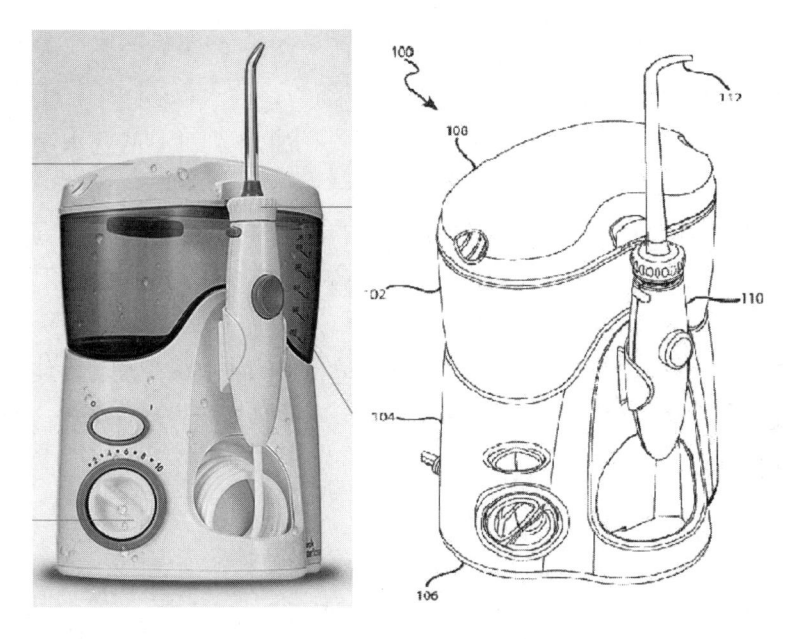

图5　洁碧经典标准系列产品图和WO2017/031503A1说明书附图

便携系列

洁碧高端商旅系列（见图6）的主要特点：磁吸充电，带4支喷头，静音电机，淋浴可用，三档模式，360°旋转喷头，7级防水。

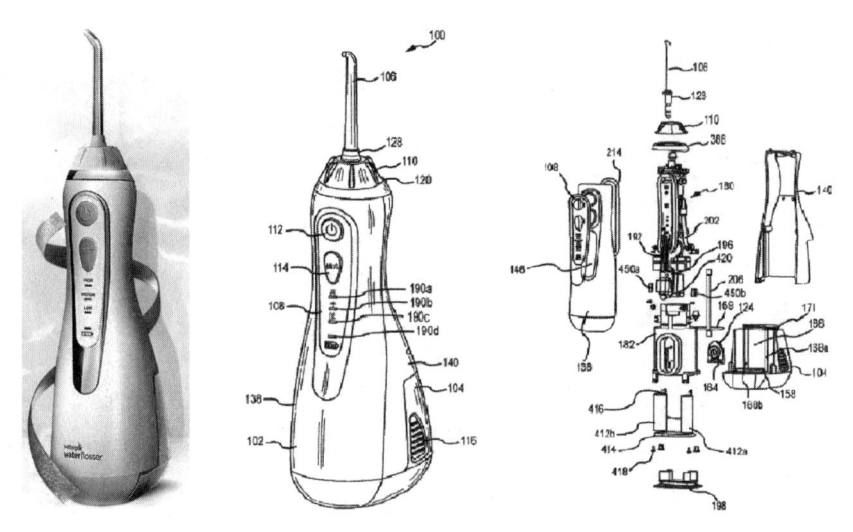

图6 洁碧高端商旅系列产品图和ZL201520413444.8说明书附图

从专利ZL201520413444.8中可以得知，洁碧将储水容器缩小并集成进了手柄，冲牙器摇身一变成了电动牙刷一样大小。便携系列独有的防水设计：其内部设置了三个单独的防水隔室，将控制组件、充电组件和马达均单独隔开，这样即使一不小心没拿住，冲牙器掉到了一米或者更深的水中仍能起作用。这个设计让人很是放心，一边泡澡也可以一边冲牙，而不用担心冲牙器掉进浴缸里。

便携系列不仅首次使用了黑色的外饰，更重要的是解决了冲牙器体积太大的问题。跟电动牙刷体积相近的冲牙器让我们可以随时把它扔进洗漱包，来一场说走就走的旅行。

水瓶座系列

洁碧水瓶座系列（见图7）的主要特点：10档水压可调，1min计时，30s换区提醒，通过智能芯片控制脉冲水流冲击与间歇，并与牙龈张弛间血液循环时长同步，仿人工按摩手法手柄设置开关功能，7级防水，带7支喷头。

专利ZL201490000259.X揭示了洁碧对按摩技术的改进，本次改进将脉冲的频率设计成了与人体牙龈组织中毛细血管内血液的循环时长同步，这样的改进使得按摩更舒适，对牙龈治疗效果更好。此外，按摩技术还更加智能化，每隔固定时间会有短暂的停顿来提示更换按摩区，还可以自己设置按摩的总时长。

专利ZL201480070972.6揭示了对冲牙器手柄的进一步改进，通过采用机械阀芯和齿轮传动控制水流的暂停和中断。这样做的好处就是手柄的出水完全由机械结构组成，手柄无需连电，提高了安全性，并且降低了成本。

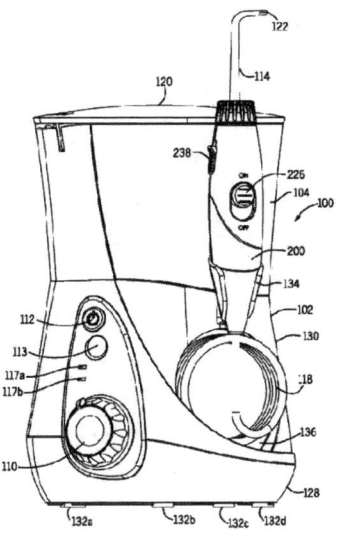

图7　洁碧水瓶座系列产品图和ZL201490000259.X说明书附图

从水瓶座系列开始，洁碧开始考虑到了每个人内心都可能住着一个小公主的现实，设计出了粉色款（见图8）。

正如其广告词所说：精致是一种生活态度。真正的精致，不是刻意地惺惺作态，而是一种本质流露的气质和自放光芒的生活方式。精致的生活方式，就从冲牙器开始吧！

图8　洁碧水瓶座系列粉色官网广告

全护5.0水牙线及声波牙刷组合

终于讲到了洁碧的最大杀器。医生不是建议说只用牙刷不够，只用冲牙器也不行，要牙刷和冲牙器结合起来，互为补充嘛！那就来个一站式服务，一台机子搞定水牙线以及声波牙刷。产品的造型和功能比较像在水瓶座的基础上加了一个声波牙刷。

洁碧全护组合（见图9）的主要特点：清洁、美白、按摩模式，高频声波马达，31000次/min振动频率；2min智能计时，30s换区提醒，1200次/min高压脉冲水流。

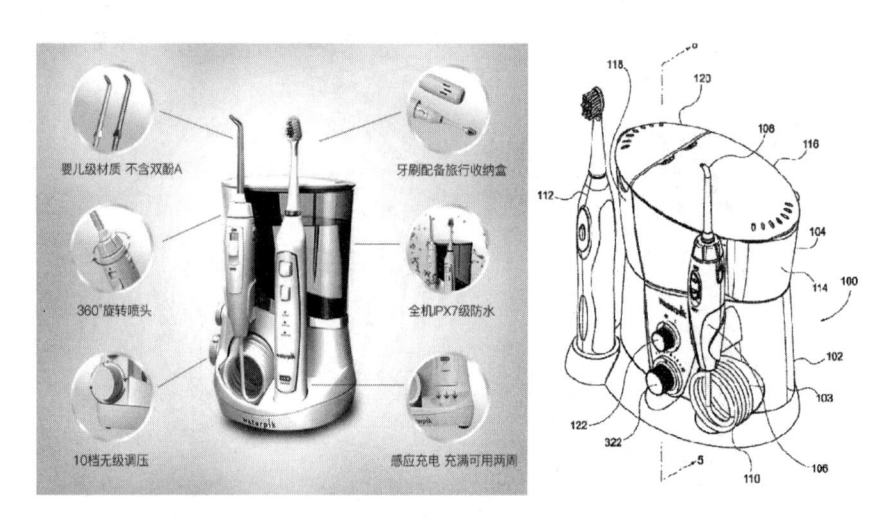

图9 洁碧全护组合官网产品图和ZL201420227249.1说明书附图

看过上面的介绍,你可能有点眼花缭乱。不怕,看小赢教你一表读懂洁碧全系列(见表1)。

表1 洁碧全系列对比

洁碧	脉冲	档位	水箱容量	水压范围	喷头数	防水等级	特有功效
经典系列	1200次/min	6档	1000mL	10~90PSI	4		
经典标准系列	1200次/min	10档	600mL	10~100PSI	7		
便携系列	1200次/min	3档	180mL	45~75PSI	4	IPX7	磁吸快充,淋沐可用
水瓶座系列	1200次/min	10档	600mL	10~100PSI	7	IPX7	每30s提示换区,智能仿人工按摩牙龈
全护组合	1200次/min	10档	650mL	10~100PSI	5	IPX7	配2刷头,牙刷分3模式,30s换区提醒

其他产品

除洁碧有限公司外,皇家飞利浦电子股份有限公司(以下简称飞利浦)、松下知识产权经营株式会社(以下简称松下)、欧乐B、心诺国际集团控股公司（以下简称心诺）以及国产品牌博皓和惠齿在冲牙器市场也各占有一席之地。

飞利浦主打微爆气流技术，结合空气和水流，既温和又有效地清洁齿间和牙龈线区域。飞利浦仅推出了便携式冲牙器（见图10），并未推出台式家用冲牙器。

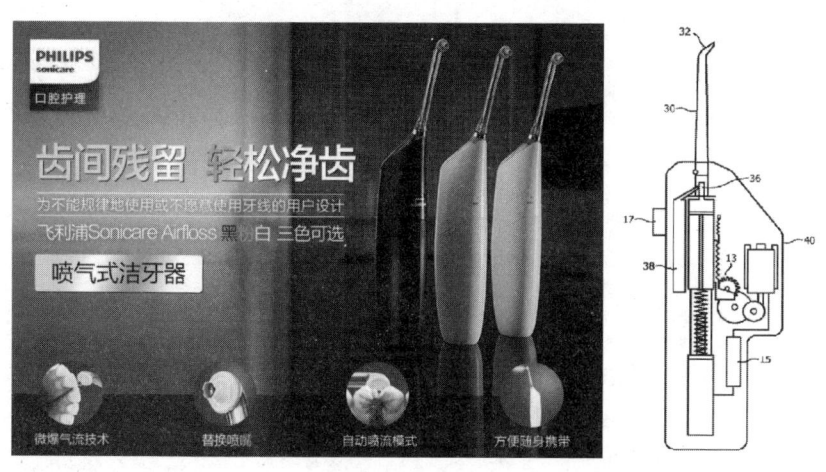

图10　飞利浦冲牙器HX8331官方旗舰店产品图[①] 和CN107743385A说明书附图

飞利浦主要考虑的是省水，以及过多的水冲到口腔里可能会给用户带来不便，通过对喷嘴结构的改进使得喷出的液滴尺寸最佳，并且还能重新捕获喷嘴上残留液体，将再捕获的液体汇集成液滴供随后继续使用。

松下主打气泡水流技术，使用类似敲打的连续气泡喷射水流，轻柔按摩牙龈。松下最新推出的台式冲牙器EW1611（见图11）主打技术为超声波水流。

松下的申请CN106178023A公开了冲牙器中具备等离子液处理装置。等离子体液处理装置能够选择性地喷出等离子液或水，并且同时产生气泡和等离子体。通过气泡的存在，提高等离子体产生的活性种的产生效率，进而提高冲洗清洁或按摩的作用。

欧乐B（Oral-B）主打活氧技术，将空气混入水中喷送活氧气泡，清洁深入牙齿及牙龈缝，通过双重水柱切换清除口腔细微残渣同时按摩牙龈。欧乐B官网也已推出电动牙刷与冲牙器护理组合套装（见图12）。

---

① 图片来源：飞利浦官网 https：//www.philips.com.cn/c-m-pe/airfloss#filters=AIRFLOSS_NOZZLES_SU，AIRFLOSS_PRO_ULTRA_SU1&sliders=&support=&price=&priceBoxes=&page=&layout=12.subcategory.p-grid-icon。

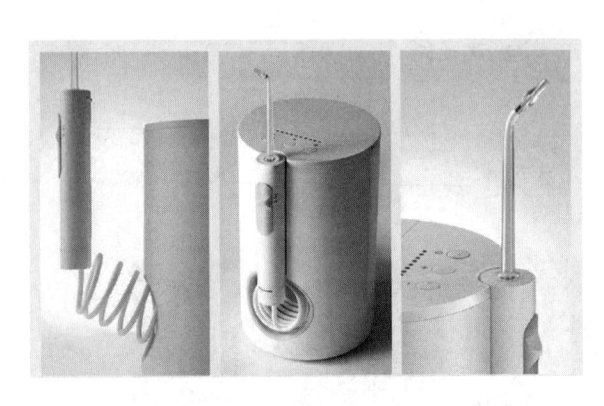

图11 松下常见冲牙器[1]

根据某网站的销量统计，小赢发现高居销量榜首的居然是国产品牌博皓。其原因小赢认为，相对于外国品牌动辄千元左右的价格，博皓的价格可以说是相当美丽啦。

博皓冲牙器（见图13）的主要特点。台式：无极调压，高压脉冲1400次/min，带6支喷嘴；便携式：高压脉冲1200次/min，3档切换，2min定时关机，金属水泵，IPX7级防水。

小赢对博皓的生产企业深圳瑞圣特电子科技有限公司进行了检索，其中图14所示的专利ZL2013206134316公开了一种台式洗牙机，包括主机壳、设置于主机壳顶部的水箱、固定于主机壳内

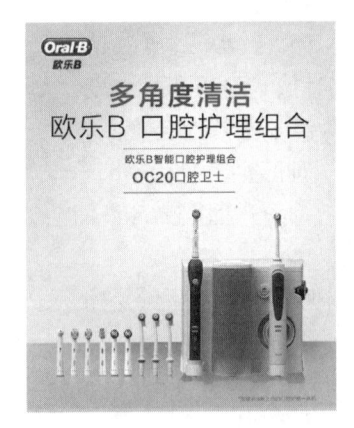

图12 欧乐B冲牙器OC20官方旗舰店产品图[2]

---

① 图片来源：松下电器旗舰店 https://m.tb.cn/h.egSsuRq?sm=6ed437。
② 图片来源：欧乐B官方旗舰店：https://m.tb.cn/h.e5K7oh0?sm=74e27f。

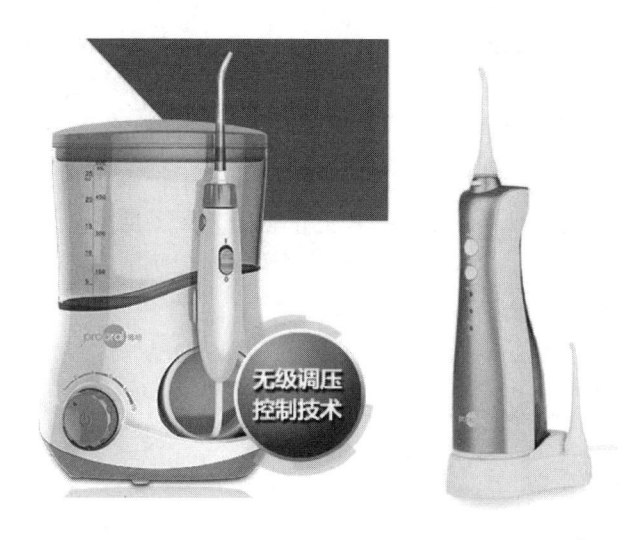

图13 博皓台式、便携式冲牙器官方旗舰店产品图[①]

部的电机及微型水泵、手柄部件及数个喷嘴,所述主机壳一侧还设有用于收纳喷嘴的储存室。随机配备的多个不同用途的喷嘴,可在实际使用过程中满足不同的口腔护理需求,且用完之后插置于存储室内,可防止外界污染。通过将水箱设置于主机壳顶部,可增加水箱的体积。

另一篇专利ZL2012203104329则公开了便携式冲牙器,包括水箱和冲牙器主体。冲牙器主体包括壳体、位于壳体内的电源腔、微型马达、微型泵,还包括电源开关和喷头。采用高压超细水流,能有效清除牙刷牙线所无法触及的牙缝深处、牙龈以下和齿间部位的细菌,体积小方便携带。

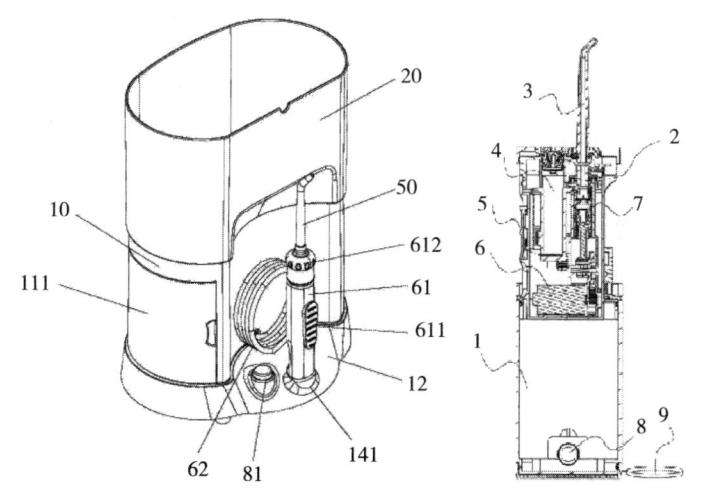

图14 ZL2013206134316说明书附图和ZL2012203104329说明书附图

---

① 图片来源:博皓官方旗舰店:https://m.tb.cn/h.e5K8gnn?sm=1d4b27。

销量靠前的其他品牌还包括心诺和惠齿两家。目前，小赢并未检索到两家企业的相关专利及申请。

最后，小赢郑重提示：冲牙器通过高压水冲洗口腔内部的食物残渣，让牙刷刷不到的地方也能冲洗干净，可以延缓牙结石的生长，杜绝很多口腔问题；但对于牙齿已经形成的牙结石、抽烟熏黑的烟牙、牙菌斑是完全无效的。虽然冲牙器具有较多优点，但医生建议将其与牙刷、牙线配合使用效果最佳，互为补充，各有优势。

本文作者：
国家知识产权局专利局
专利审查协作北京中心材料部
王丹

第四章 大国风采

创意生活
话专利

26　专利解码 "桥界珠峰"

> **小赢说：**
> 2018年10月24日上午9时，港珠澳大桥正式通车运营。这一历时15年、被英国"卫报"称为"新世界七大奇迹之一"的"超级工程"，背后有哪些"超级创新"？今天让小赢为你一一盘点。

引言

港珠澳大桥是我国第一例集桥、双人工岛、隧道为一体的跨海通道，先来展示一张大桥的主体工程示意图（见图1）。

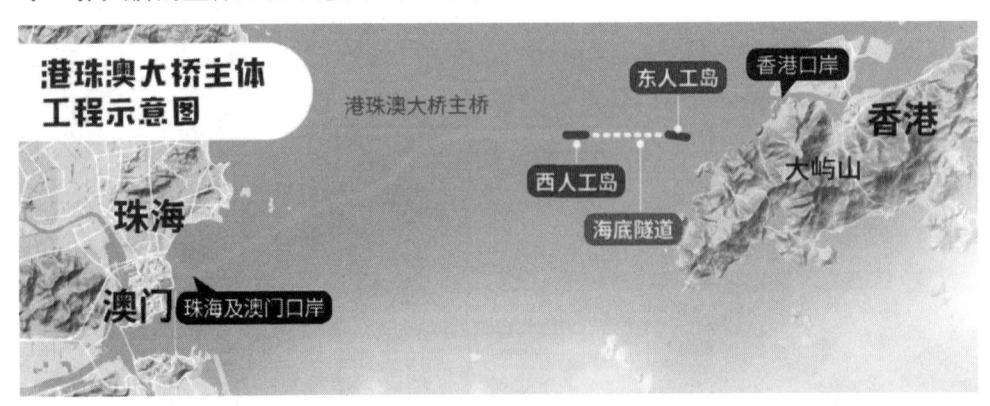

图1　港珠澳大桥主体工程示意[①]

为什么说港珠澳大桥是桥梁界的"珠峰"？用新华社的这样一组数字（见图2）来告诉你！

为什么不一桥到底，而要修人工岛和海底隧道呢？因为港珠澳大桥横跨伶仃洋海域中最繁忙的航道，目前已有10万吨级的油轮在此通航，未来需满足30万吨

---

① 图1、图4来自央视新闻官方网站 http://news.cctv.com/2018/10/23/ARTIzBRuFau2yt9rTxzUw3WB181023.shtml。

的巨轮通行。如果一桥到底，需要桥梁跨度很大，桥面净高很高；同时，毗邻大桥的香港国际机场每天有超过1800架次的飞机起降，为了航空安全，也不允许附近的建筑超过一定标准。综合考虑以上因素，"桥-岛-隧"集群方案成了唯一的选择。也正是这样的选择，成就了建筑史上的数个奇迹。下面以《人民日报》的图解为线索，让小赢为你细说这些奇迹以及奇迹背后的专利。

图2 数字解码港珠澳大桥[①]

港珠澳大桥核心技术及其背后的专利

1.深插式钢圆筒快速成岛

港珠澳大桥要在水深10余米且软土层厚达几十米的深海中建造两个人工岛，实现海中桥隧转换衔接。经过上千次论证，大桥设计者们在世界范围内首次提出了大直径钢圆筒快速成岛技术。具体来说，该技术就是以大的钢圆筒止水围岛，岛内填入砂料并加固地基，圆筒外再用混凝土等加固防护（见图3）。该项技术中的钢圆筒已经获得了国家发明专利（ZL201310371592.3），图4就是第一个巨型钢圆筒插入海底时的壮观景象。

所谓的"巨型钢筒"究竟有多大？每个钢筒都相当于一栋20层高的住宅楼，其直径22.5m，重达500t，最高的

图3 《人民日报》图解——海中人工岛快速成岛[②]

---

① 图片来源：新华社官网 https：//baijiahao.baidu.com/s?id=1615120356404678599&wfr=spider&for=pc。

② 图3、图5~图10来自人民日报官方微博 https：//m.weibo.cn/status/4298558238900922?sourceType=weixin&from=1085395014&wm=%2014056_90009&featurecode=newtitle。

·151·

50.5m。大桥的两个人工岛共用了120个这样的钢圆筒。使用该技术后，与传统工艺相比，减少淤泥开挖量近千万立方米，节约建设工期两年多。

2.深水中保证碎石基床高效率、高精度铺设的整平船

港珠澳大桥的沉管隧道全长5.6km，由33节沉管组成，碎石基床就是盖着这些管节的"石褥子"。为保证沉管的安装精度，要求碎石基床精度在±4cm之内，但是沉管深埋于海底40多米的深槽内，铺设碎石基床的最大作业水深达到55m，地质条件复杂，同时面临高温、高湿、高盐、高强度连续作业等恶劣工况，所以该铺设重任被誉为"海底绣花"之技。2017年3月5日，历经1423天的艰苦作业，世界最大的抛石整平船"津平1"圆满完成了对港珠澳大桥33节沉管的碎石基床铺设任务，还创造了±4cm标高误差、最高精度垄间高差2毫米、合格率100%的世界奇迹（见图5）。在国家发明专利申请（CN104674818A）中，对该技术中使用的深水碎石基床施工装置做了比较全面的介绍。

图4 中国首创的深插钢筒快速筑岛技术

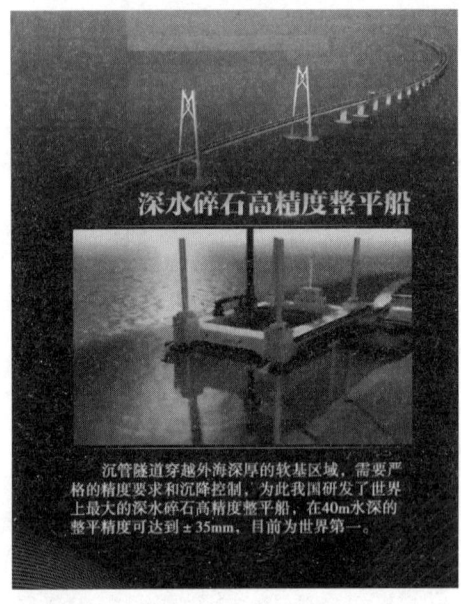

图5 《人民日报》图解——深水碎石高精度整平船

3.沉管隧道的沉放对接和沉管隧道中可以主动止水的最终接头

在外海，将预制好的沉管隧道一段接一段的沉放安装在已疏浚好的基槽内，从而在海底建成隧道，被建筑领域人士称为"全世界最困难、最复杂的技术"，目前只有极少数国家掌握该技术。15年前，港珠澳大桥前期工作协调小组办公室刚刚成立时，中国在此领域的积累几乎是一片空白。经过多次的大胆创新和尝试，大桥的建设者们成功攻克了外海沉管建设的难关，也首创性地提出了对接偏差极限3mm的隧道管节沉放技术，以及化被动止水为主动止水、化人工作业为机械作业的最终接头（见图6）。

在控制隧道管节精准沉放的过程中，国家发明专利（ZL201310004844.9）中公开了采用无线通信控制系统实现双驳杠同步沉放沉管的方法。该方法使指挥人员仅在主驳船上就可独自完成主驳船和副驳船的同步沉放过程；有效地保证了两驳船动作的同步性，提高了同步精度；减少了工作失误，避免重大事故的出现，提高了工作效率。

港珠澳大桥包含一条长6.7km的海底隧道，其最终接头的底板水深27.9m，面临着复杂的波浪和海流等海洋环境条件和气象条件，施工现场作业条件困难，风险较大。为了降低风险，大桥建设者们自2012年就开始寻找适宜的最终接头技术，但是经调研发现，世界上外海大型沉管隧道通用的5种最终接头方案都不适用。于是，大桥建设者们自主研发了整体式主动止水最终接头的技术（见图7），具体来说，该技术将最终接头做成一个整体，运输与沉放时其纵向尺寸小于最终状态尺寸，对接时其自身能沿纵向展开直至接触相邻的管节[①]。

在国家发明专利申请（CN106988346A）中公开了这种沉管隧道的最终接头及预制方法、安装方法。该最终接头包括与已安装相邻管节连接的两个端面，所述两个端面均为倾斜面，使所述最终接头沿安装方向的纵剖面形成倒梯形结构；具有结构简单、控制方便、精度较高的优点，减少了大量外海潜水作业，降低了安装质量缺陷风险；并且，该最终接头可以在地面工厂进行预制再运输至现

图6 《人民日报》图解——隧道管节沉放对接

图7 《人民日报》图解——主动止水的沉管隧道最终接头

---

① 林鸣，林巍，等.整体式主动止水最终接头技术及其与沉管管节的一体化[J].中国港湾建设，2017，37（11）：1–11.

场，降低了气候条件对施工的影响；通过止水系统实现快速止水，形成干施工环境，能降低气候潮流条件对工程的不利影响。利用千斤顶完成对接以及止水带的压缩，使得这种最终接头可以实现主动地连接与止水。

4. 钢桥梁制造的自动化技术

钢箱梁是现代桥梁建设中最常用的结构形式之一，在跨江跨海等特大型桥梁建设中，钢箱梁以其强度高、质量轻、功能多、效率好等优点倍受青睐。经工厂分段制作后，现场拼装焊接是钢箱梁施工中最为关键的环节。以往的钢箱梁现场焊接施工，大多采用搭设支架或定制挂篮的办法，陆地区域从地面搭设脚手管支架，水面区域定制挂篮，焊接操作人员在支架或挂篮上围成施工平台焊接钢箱梁的拼接缝。由于钢箱梁焊接工作面大、焊接工艺较复杂、焊接质量要求高等原因，传统的焊接施工平台投入较大，并且安装和拆除焊接施工平台耗费的时间比较多。

港珠澳大桥中钢箱梁工程量浩大，总体用钢量逾40万吨。如果采取常规工艺施工，人为因素将成为制约项目建设的关键点，钢箱梁制造质量和工期都难以得到有效保证。因此，港珠澳大桥建设中明确提出了"大型化、工厂化、标准化、装配化"的总体要求，以提高作业工效，缩短制造周期，确保工程质量和结构耐久性（见图8）。这些要求促使参建港珠澳大桥钢箱梁制造的企业开始全面研究钢箱梁制造的机械自动化装备和技术。生产验证表明，港珠澳大桥中钢箱梁板单元制造的机械自动化技术已经达到国际先进水平，某些装备在世界范围内属于首次成功研制并应用[1]。

图8 《人民日报》图解——大规模工厂化制造

例如，国家发明专利申请（CN104652278A）中公开的自行式可调节变截面钢箱梁全封闭焊接施工平台，就是上述自动化装备和技术中的一个代表。该施工平台包括设置在钢箱梁底部两侧的支架平台，还包括桁车系统，桁车系统与支架平台围成一个封闭式稳定空间，桁车系统与钢箱梁纵向移动连接。通过轨道系统的规划、布置和调整，能够适用于变截面箱梁所有接缝的焊接施工，并且形成封

---

[1] 刘吉柱.港珠澳大桥钢箱梁制造自动化技术[J].公路，2018，（7）：203-206.

闭操作空间，有利于施工管理，提高工效，并对施工人员提供更加有效的安全保障。从而能够较好地克服传统焊接施工平台的缺点，大幅减少经济投入，方便管理，提高施工工效。

5. 海中桥梁工程中的埋置式承台

港珠澳大桥分为海中桥隧主体工程、香港及珠澳口岸工程、粤港澳三地接线工程。其中，长约22km的海中桥梁工程包括3座通航孔桥及深、浅水区非通航孔桥，具有建设规模大、建设难度高、建设标准高的特点。为减少基础的阻水率，保证珠江口排洪纳潮及航道顺畅，该工程中的非通航孔桥采用了埋置式承台（见图9），即承台顶位于海床面以下，最大外形尺寸为16m×12m。为克服桥址复杂的地质情况及自然条件，这种埋置式承台采用了3种施工方案进行施工，即分别利用大圆筒、钢围堰和分离式胶囊止水结构（安装在承台和钢管桩结合处）、钢套箱围堰和封底混凝土创造干施工环境，进行墩台整体安装和后浇混凝土施工。实践表明，上述3种施工方案均能较好地克服恶劣海况的影响，有较好的适应性和施工效益，从而能在预定时间内完成承台的施工任务[①]。

图9 《人民日报》图解——海上埋置式承台施工

小赢发现，上述3种施工技术均申请了国家发明专利。

1）国家发明专利申请（CN104727225A）中公开了采用大直径钢圆筒围堰进行振沉施工，形成干施工环境的大圆筒干法安装施工方案，并具体公开了：钢圆筒围堰可通过整体焊接装配后进行现场的振沉施工，将水体隔离后，可通过高压水枪和泥浆泵进行钢圆筒围堰内的土方挖掘，直至承台底部安装位置以下。通过钢管桩的找平和钢支撑的安装，形成了较为适宜的预制墩台的安装施工环境。该施工方法中还在钢圆筒围堰内壁设置了导向装置，从而使重量达数千吨的预制墩台在吊装后能够尽可能精准地到位。

---

① 景强，苏权科，等.港珠澳大桥海中桥梁工程埋置式承台施工方案[J].世界桥梁，2018，43（2）：29-33.

2）国家发明专利（ZL200910131623.1）公开了采用竖向分条双壁钢围堰止水的施工方法，这种施工方法包括以下的工艺步骤：①搭设水中施工便桥平台；②安装便桥上的龙门吊机；③打设限位、支撑钢管桩；④单片双壁钢围堰安装下沉；⑤逐片双壁钢围堰下沉；⑥安装支撑架；⑦双壁钢围堰内抽砂；⑧水下浇注封底混凝土及接缝处理；⑨浇筑承台、墩柱；⑩双壁钢围堰拆除。其中使用的竖向分条双壁钢围堰，其单片重量和宽度可依地质结构、起重能力进行调整；接缝结合腔后处理，可降低下沉定位的精度要求，因而对设备要求低，施工简单易行；竖向通长制作，省去现场接高工序，降低了水上劳动强度；这种工艺无需安装专用设备和搭设专用平台，可与灌注桩同时施工，大大缩短了工期。

3）国家发明专利申请（CN104480958A）公开了在桥梁预制承台的底板处设置预留槽，槽内植入止水胶囊，启用止水胶囊后可以在后浇孔内形成干作业环境的桥梁预制承台以及桥梁建造方法。该申请的桥梁预制承台用于埋床法时，可以将阻水面积大的承台结构埋入海床减少阻水率，同时在岸上预制主要的受力结构可以确保施工质量；现场通过止水装置形成干作业环境，有效连接预制承台与桩基，实施主筋接长、绑扎构造钢筋，浇筑连接部位的混凝土，保证二者有效连接；可以避免采用海上围堰，大大减少施工费用；此外，这种桥梁预制承台采用岸上预制，现场安装施工，不仅保证了构件施工质量，同时大大缩短了施工周期，保证了施工安全。

图10 《人民日报》图解——超长钢桥面铺装

6. 大跨径钢桥的装配式桥面铺装

港珠澳大桥是国际上建设规模最大的海上钢结构长桥，采用约16km的钢箱梁和6km的组合梁（见图10），具有自重轻、承载能力高、整体性强、耐久性和抗震性能好等优点，使施工安全性和质量得到有效控制，并使施工对海洋生态环境和海上交通的影响减到最小[①]。

国家发明专利（ZL201410440998.7）公开了大跨径钢桥装配式桥面铺装方法，这种铺装方法将钢桥面进行网

---

① 苏权科，谢红兵.港珠澳大桥钢结构桥梁建设综述[J].中国公路学报，2016，29（12）：1–9.

格状划分，使钢桥面模数化，采用在工厂一次加工成型的模数化钢桥面板。且钢桥面板与钢箱梁精密匹配，铺装时分块安装在钢箱梁上形成桥面，组合成整个桥面系，具有工厂化生产成型、质量优、精度高等优点；消除了传统钢桥面铺装的弊端，有助于桥面铺装与钢桥结构的结合，将钢桥面板本身的变形、位移、振动等对铺装层的影响降低到最小，操作简单，能避免传统的钢桥面铺装的裂缝、波浪推移、局部拥包、车辙等病害。与传统的分层铺装方式相比，通过直接将钢桥面板用高强螺栓固定于钢箱梁上，大幅提高施工功效，缩短模数化循环施工周期，人力资源分配均匀，各工序无交叉相互影响。且装配式钢桥结构解决了桥面的整体性，分块安装后行车的平稳和舒适、接缝的密封性以及与钢箱梁结构变形受力相协调等一系列问题。

结语

在大桥的建设过程中，科学家和工程师们创造了诸多耀眼的中国首创，共申请了400多件专利，以上介绍的核心技术只是众多中国首创中的一个缩影。特别值得一提的是，大桥的施工方案不仅注重科技创新，更难能可贵地融入了生态环保的元素，即在设计和施工中尽可能降低工程对海洋水文动力和生物资源的不利影响，这充分体现了大桥设计和建设者们的立足点之高、眼光之长远。

2018年6月，广东省海洋与渔业厅发布的《2017年广东省海洋环境状况公报》显示，珠江口水域栖息的中华白海豚在数据库新增234头，累计已识别中华白海豚2367头。与施工之初相比，被识别到的中华白海豚数量明显增加。上述结果表明，大桥建设实现了海洋环境"零污染"和中华白海豚"零伤亡"的目标。

作为中国交通史上投资规模最大、技术最复杂、建设要求及标准最高的工程之一，港珠澳大桥是我国从"建桥大国"迈向"建桥强国"的一座里程碑。

本文作者：
国家知识产权局专利局
专利审查协作北京中心化学部
蔡蕾　张成龙

27　国产大飞机刺破苍穹

> **小赢说**：
> 2017年5月5日，国产大飞机C919高昂机头，风驰电掣冲向蓝天，中国人自己的大飞机终于翱翔蓝天。这不仅意味着C919步入了试飞的阶段，而且向世界传递出中国航空制造业实力迅猛发展的强烈信号。

　　C919大型客机是中国首款按照最新国际适航标准，具有自主知识产权的喷气式民用飞机。小赢先带你了解一下这款高大上的国产大飞机。

　　C是英文缩写China的首字母，也是中国商飞英文缩写COMAC的首字母，第一个"9"的寓意是天长地久，"19"代表的是中国首型中型客机最大载客量为190座。其实际总长38m，翼展35.8m，高12m，标准航程为4075km，最大航程为5555km，经济寿命达9万飞行小时。

　　2017年5月5日，注定是一个不平凡的日子，国产大飞机C919完成试飞（见图1）。新型号首飞具有特殊意义，既是由设想变图纸、图纸变实物、实物能飞行等一系列工作链中的重要环节，又是新型号由静止到运动的转折点和新型号诞生的一个重要里程碑。

图1　国产大飞机C919起飞瞬间[①]

　　2006年2月9日，国务院发布《国家中长期科学和技术发展规划纲要（2006-2020）》，大型飞机重大专项被确定为16个重大科技专项之一。造国产大飞机，就这么定了！从项目启动到成功试飞不足十年的时间（见图2），克服了不计其数的技术难题，"啃"下了不少硬骨头，小赢真为C919的成长速度感到自豪。

---

① 图片来源：http://inews.ifeng.com/yidian/51052115/news.shtml。

图2　C919研发过程中的重要时间节点

C919与波音737和空客A320属于同一级别，均为170座窄体干线中程客机。在未来的大客机制造业中，C919有望与空客（Airbus）、波音（Boeing）形成"ABC"三方竞争的局面。至2019年3月，C919订单达到了900架。预计在2020年投入运营的C919在短时间内获得如此多订单也实在是让人佩服。

C919具有从北京直飞到新加坡的实力，其中间座位加宽、噪声低，妈妈再也不用担心我旅途受累了。全新设计的飞机在燃油消耗方面比现有飞机降低约13%，阻力减少3%。此外，相比空客、波音机型，C919少了两块挡风玻璃，机头仅设有4块挡风玻璃（见图3），驾驶员的视野更加宽广。

图3　C919机头标志性的4块曲面风挡玻璃[①]

"中国设计、系统集成、全球招标、逐步提升国产化"，清晰表明了C919大型客机确确实实是"中国制造"。C919目前的国产化率约在60%，预计未来将会实现100%的国产化。从专利上看，我们已经掌握了机身板块的加工技术，也具备各个板块和零件之间实现连接紧固的能力。如ZL201210267008.5公开了一种机身模块化连接装置，可减少飞机铆接的工作量，降低成本，同时满足飞机连接的强度和刚度；ZL201310233088.7公开了一种铝锂合金蒙皮数控铣削加工方法，填补了铝锂合金蒙皮机铣的空白。

---

① 图片来源：http://m.sohu.com/a/139812408_600463/?pvid=000115_3w_a。

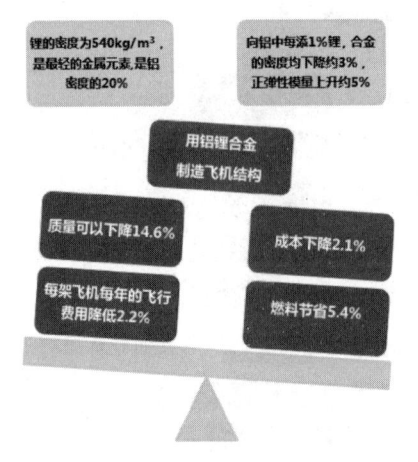

图4 用铝锂合金制造飞机结构的性能比较

在制造与设计过程中具有多个光芒四射的亮点，其中之一就是首次大范围地采用铝锂合金。机身蒙皮、长桁、地板梁、座椅滑轨、边界梁、客舱地板支撑立柱等部件都采用第三代铝锂合金，轻质铝锂合金的使用也是降低油耗的因素之一。为啥铝锂合金备受飞机的青睐？航空航天工业对零件质量是锱铢必较的，而铝锂合金具有低的密度，高的比强度、比刚度、比弹性模量等优点，成为优秀的航空航天器用铝材（见图4）。

铝锂合金成为明星材料在国外经历了三个阶段。第一阶段为初步发展阶段，该阶段的时间跨度大约为20世纪50年代至60年代初，在1957年美国Alcoa公司研究成功2020合金，1961年苏联开发出BAJI23合金，铝锂合金真正引起人们的注意。但是该阶段的铝锂合金塑韧性水平太低，不能满足新航空设计标准的要求。第二阶段为大发展阶段，时间跨度为20世纪70年代至80年代后期，代表性合金有苏联研制成功的1420合金，美国Alcoa公司研制出的2090合金等。这些铝锂合金具有密度低、弹性模量高等优点，其主要目的是直接替代航空航天飞行器中采用的传统铝合金2024、7075等。进入20世纪90年代以后，铝锂合金的发展也进入了第三阶段，已经开发的新型铝锂合金主要有高强可焊接的1460和Weldalite系列合金，低各向异性的AF/C-489合金等。在性能水平上，第三代铝锂合金较以往铝锂合金都有了较大幅度的提高[①]。

在我国，20世纪60年代初中期，自制成Al-Cu-Li系S141合金，但未获得应用；20世纪90年代，"西南铝业"试制成功了具有商业价值的2091、2195等铝锂合金；2012年以来，"西南铝业"成功试制国产大飞机项目专用的第三代铝锂合金，中航工业航材院铝合金研究所成功仿制和研究出8090、2090、5A90、2A97、2A66第二代和第三代高强度高模高韧铝锂合金、中强高韧铝锂合金，并拥有自主知识产权。

从专利上来看，ZL200910140382.7通过控制铸造条件，制备出了成分均匀的铝锂中间合金，解决了锂因为密度小、活性强，难以与铝混合均匀的技术问题，后续开始转向铝锂合金性能的改进研究。ZL201010520987.1公开了一种耐损伤铝锂合金极其制备方法，其可以代替2024薄板、2524薄板在飞机上使用，可减重10%~15%，使用寿命可提高4倍以上。

---

① 杨守杰，等.铝锂合金研究进展[J].材料工程，2001，5：44-47.

铝锂合金作为制造飞机的明星材料，我国目前的实力和国外还有一定的差距。但是让小赢高兴的是，关于铝锂合金的专利申请量基本呈上升趋势（见图5）。

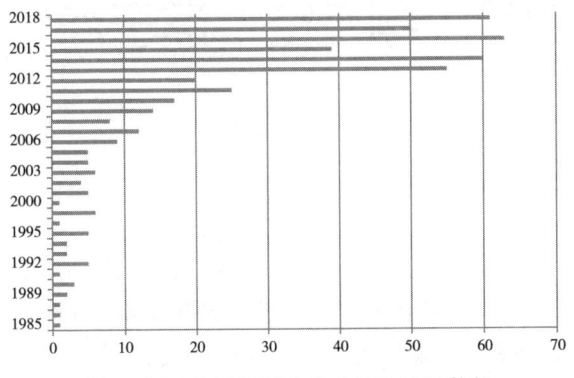

图5　国内关于铝锂合金专利申请量趋势

申请人也主要集中在实力雄厚的科研院所（见图6），这为我国进一步提升铝锂合金的生产与应用水平提供了强大的技术支持。让小赢对C919大飞机在不远的将来实现100%的国产化充满了信心。

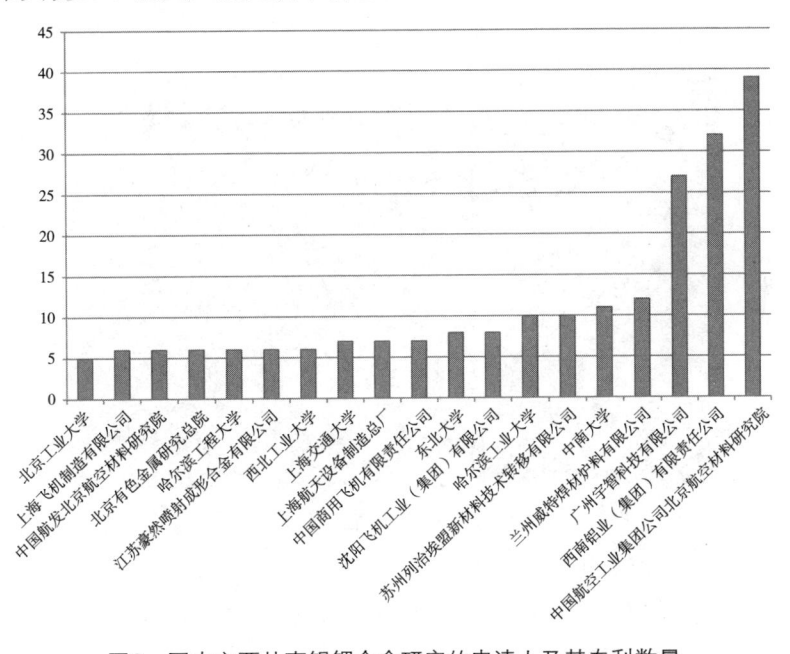

图6　国内主要从事铝锂合金研究的申请人及其专利数量

本文作者：
国家知识产权局专利局
专利审查协作北京中心材料部
刘文军

28　AG600，翔于空，浮于海

> **小赢说**：
> 2017年12月，国产水上飞机AG600"鲲龙"在珠海陆上首飞获得成功（见图1）。2018年10月，其在荆门实施水上试飞任务。作为"大飞机三兄弟"之一，能飞遍南海的"鲲龙"具有重要战略意义。

水上飞机是在陆地飞机的基础上，根据水面起飞降落要求而在设计上特异化的产物。其对起降场地的要求没有陆地飞机那样高，只需要一片开阔的水域即可。在飞机的发展过程中，水上飞机占据着非常重要的位置，特别是对于未修建机场跑道的岛屿，常规飞机是无法起降的。

图1　AG600在珠海首飞[①]

世界上第一架水上飞机由法国人在1910年设计完成并成功起飞。至今，水上飞机也发展了上百年。法国、英国、美国、德国、苏联/俄罗斯、日本、加拿大先后都曾研发出性能不错的水上飞机（见图2）。

随着战争的进行，水上飞机的任务也从侦察扩展到海上巡逻、校射、轰炸、反潜、反舰、运输、救护等领域，重要性与日俱增。在和平年代，水上飞机也承担执行跨洋客运、森林灭火、旅游观光等功能。

---

① 图片来源：http://epaper.taihainet.com/html/20171225/hxdb645744.html。

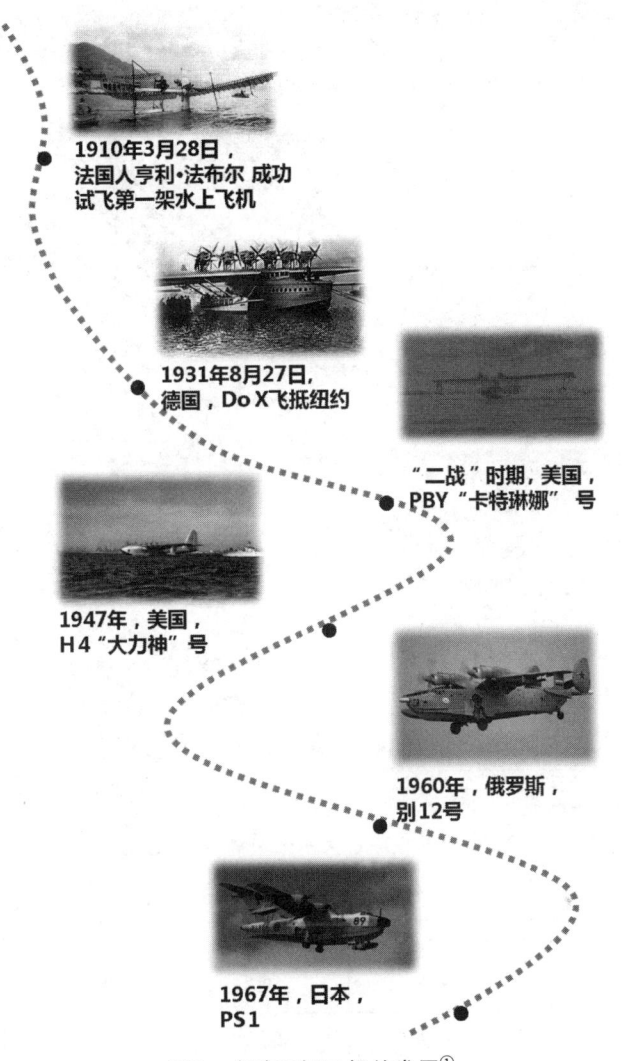

图2 水陆两栖飞机的发展[1]

中华人民共和国成立以来,先后装备或研制了别6、青6、水轰5等水上飞机。青6是在别6的基础上换了国产发动机,而水轰5则是借鉴别6的产物。时隔多年,中国最新研发了AG600水上飞机(见图3)。

AG600不仅实现了高度国产化,而且在性能上处于世界顶尖水平。从表1的数据中可以看出,AG600拥有最大的飞机尺寸,其最大起飞重量为53.5t,具有突出的运载能力。历史上水上飞机的最大起飞重量曾达到过86t,是苏联研制的A-40"信天翁",后来由于种种原因,该机完成研制后未能量产。

---

[1] 图片来源:http://mini.eastday.com/a/170515094411986-5.html。

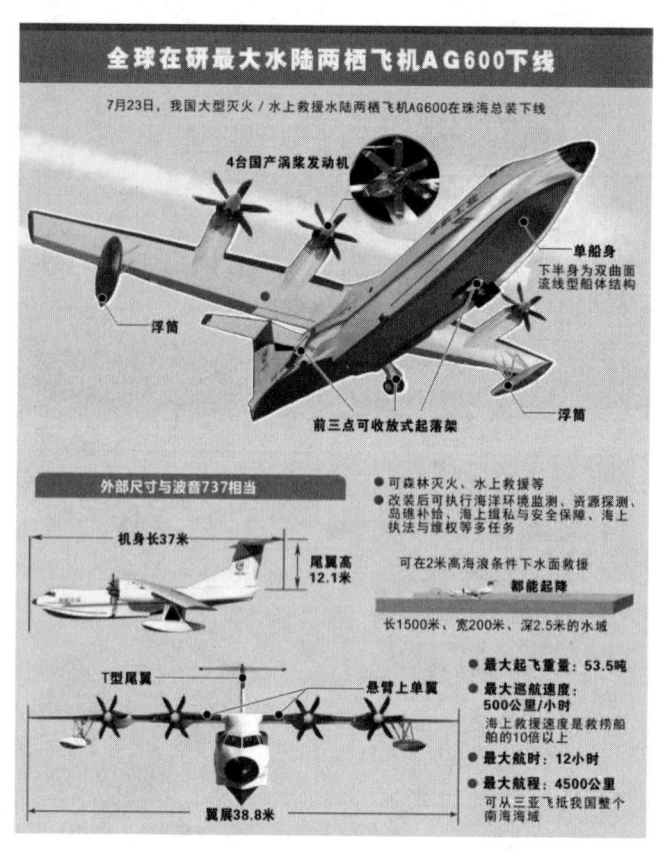

图3 全球在研最大水陆两栖飞机AG600[①]

表1 各国水陆两栖飞机相关参数

参数		中国 AG600	日本 US2	俄罗斯 别200	加拿大 CL415
起飞重量 /t		53.5	47.7	43	20
外形数据	机长 /m	36.9	33.4	32	20
	翼展 /m	39	33.1	32	28
	机高 /m	12	9.8	8.9	9
最远航程 /m		4500	4700	4000	2500
最大巡航时速 /km		500	480	700	376
抗浪能力 /m		2	3	1.2	—

① 图片来源：http://mil.qianlong.com/2018/1024/2898531_4.shtml。

水上飞机最关键的设计难点就是对复杂海况的适应性。从数据上看，俄罗斯的别-200具有较高的巡航时速，但是抗浪能力只有1.2m，因而其更像传统的飞机。日本US-2抗浪能力优异，但巡航时速相对较低，网友将其喻为"会飞的船"。AG600考虑到飞机着水时的载荷、滑行的稳定性和操纵及抗浪的能力，采用半船半飞机的设计。如外观设计专利针对飞机机身（ZL201330020117.2）和船体（ZL201330020113.4）的特殊形状设计（见图4），经计算分析和试验后确定船底曲面参数，使得水上飞机具有上述优异的性能。

图4 飞机机身及船体外观

从功能上讲，AG600具有很强的森林灭火和海上救援功能。

目前国内森林消防主要使用直升机和小型固定翼飞机，但二者的载水量有限，一般的直升机只能搭载约1t水，重新装水又需要时间，直接影响灭火效率。AG600可以一次性搭载12t水，在将水投放后，可以在20s内汲水12t，飞往火场灭火（见图5）。

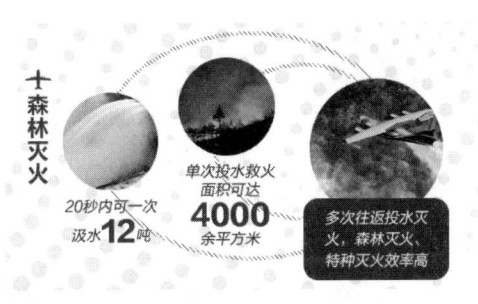

图5 森林灭火及汲水能力[①]

关于水上飞机汲水，专利ZL201621376827.3中记载，在执行灭火任务时，可选择通过汲水装置在适宜的水域上直接滑行汲水，也可选择在地面上通过注水装置执行地面注水。汲入/注入的水通过汲水管流入整体水箱中，飞行员可根据燃油状况和灭火任务用水量的要求控制汲水管中的水箱蝶阀，从而完成汲入/注水量的要求（见图6）。

对于海上救援功能，目前常用救援舰船、直升机进行搜索。救援舰船搜索效率低，直升机对于距离海岸线较远海域的搜救能力相对较差。AG600具有优异的巡航速度及最大航程，抗浪高度达到2m，能够应对四级海况，并且可以搭乘50人，保证了救援黄金时间（见图7）。

针对救援时可能发生的载人舱内地板积水的问题，ZL201621374954.X的解决方案为内置排水系统（见图8），在密封地板2的X轴两侧设计有排水地板组件1，积水流淌至排水地板组件1上，通过蓄水槽的排水导管5流到法兰盘处，排放到机身外部。

此外，针对起飞过程中高速喷溅水流对飞机产生冲击和腐蚀的问题，在

---

① 图片来源：http://www.xinhuanet.com/video/sjxw/2017-12/27/c_129776581.htm。

ZL201410289915.9中设计了抑波槽外板2，安装在飞机本体底部，与机身形成了抑波槽1-1，船体产生的喷溅水流进入1-1内，通过旋转向后喷出，因而显著减弱水流的动量，进而降低水流喷出的高度，以达到抑制喷溅的效果。

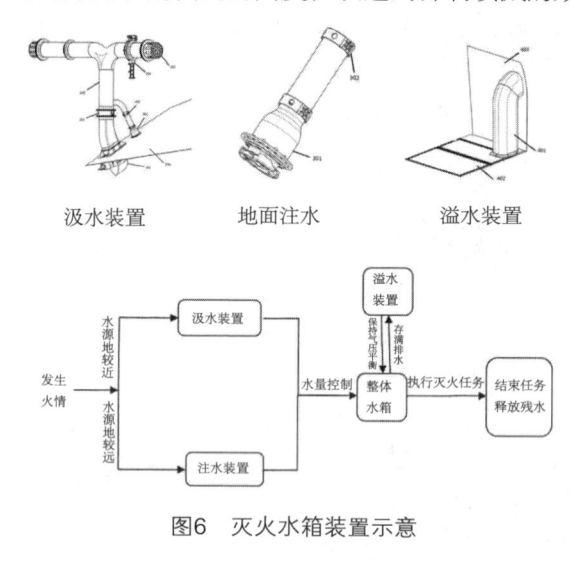

汲水装置　　地面注水　　溢水装置

图6　灭火水箱装置示意

图7　海上救援①

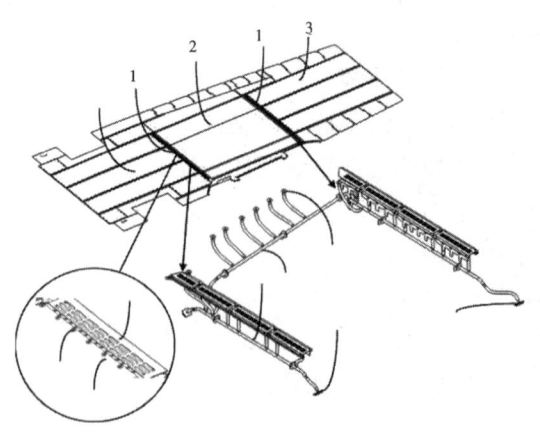

图8　内置排水系统

---

① 图片来源：http://www.xinhuanet.com/video/sjxw/2017-12/27/c_129776581.htm。

结语

"北冥有鱼,其名为鲲。化而为鸟,其名为鹏。"《山海经》里遨游海天的幻想,于水上飞机上成为了现实。AG600的研制成功标志着我国水上飞机重回历史舞台,将在海洋环境监测和保护、资源探测、岛礁运输、海上航行安全保障和紧急支援等任务中发挥重大作用。我们相信,未来它将和它的兄弟们并肩作战,共同保卫祖国海疆!

本文作者:
国家知识产权局专利局
专利审查协作北京中心材料部
娄升伟

29　"蓝鲸1号"助力开凿地球"能量块"

> 小赢说：
> 　　在传说中的塞伯特恩星球，身躯庞大的变形金刚们靠着"能量块"支撑着他们的行动和战斗。地球上有没有这样的"能量块"？又如何能开采到？我国的大国重器"蓝鲸1号"来告诉你答案。

　　在神秘的中国南海神狐海域，自上古以来就沉睡着一种绿色能源：由天然气和水在高压低温条件下形成，被誉为地球"能量块"的可燃冰。可燃冰的学名叫"天然气水合物"，是一种类冰状结晶化合物，可以像固体酒精一样被点燃，因此得名。"可燃冰"体积虽然小，但却蕴含着巨大的能量。以其作为汽车燃料为例，100L的可燃冰可驱动汽车行驶50000km，是相同体积天然气的160多倍。

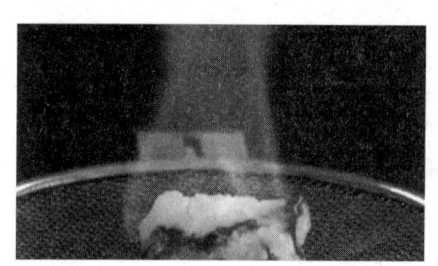

图1　可燃冰燃烧[①]

　　可燃冰不仅单位体积内的能量大，更重要的它还是超高清洁能源！完全燃烧后的残留物，仅为水和二氧化碳（见图1）。

　　可燃冰资源虽然具有上述能量集中、清洁环保的优势，但一直制约其利用的是其开采难度的问题。由于其形成的条件，决定了可燃冰大多储藏在深海中，因此如何将这个埋藏在深海中的宝藏找到并挖掘出来，成为了一项世界性难题。

　　然而，宝藏终将浮现于世，难题也终将会有答案。我国的科研和工程技术人员，在经过了艰苦卓绝的努力后，攻克了可燃冰勘查、开采技术的一个又一个难关，全球首次成功开采了可燃冰。而且，我国在可燃冰的开采技术上已经实现了世界领跑。

　　上面的报道说的太宏观。我国的可燃冰开采技术究竟采用了什么样的方法？开采过程究竟分为哪些具体步骤呢？小赢还是通过专利技术，来带大家一探究竟。

---

① 图片来源：http://news.cctv.com/2017/05/18/ARTIczLhAjacd3HGMUbLFNMN170518.shtml。

根据有关报道：我国首次试开采可燃冰利用的是"底层流体抽取法"。该方法主要包括三个步骤。

- 降压。降低海底原本稳定的压力，打破可燃冰储层的成藏条件。
- 聚集。将分散在类似海绵空隙中的可燃冰聚集。
- 抽取分离。将水、沙、气分离，抽取出天然气。

上面的每一步都会遇到各种技术问题。在解决这些技术问题的过程中，一些专利诞生了（见图2）。

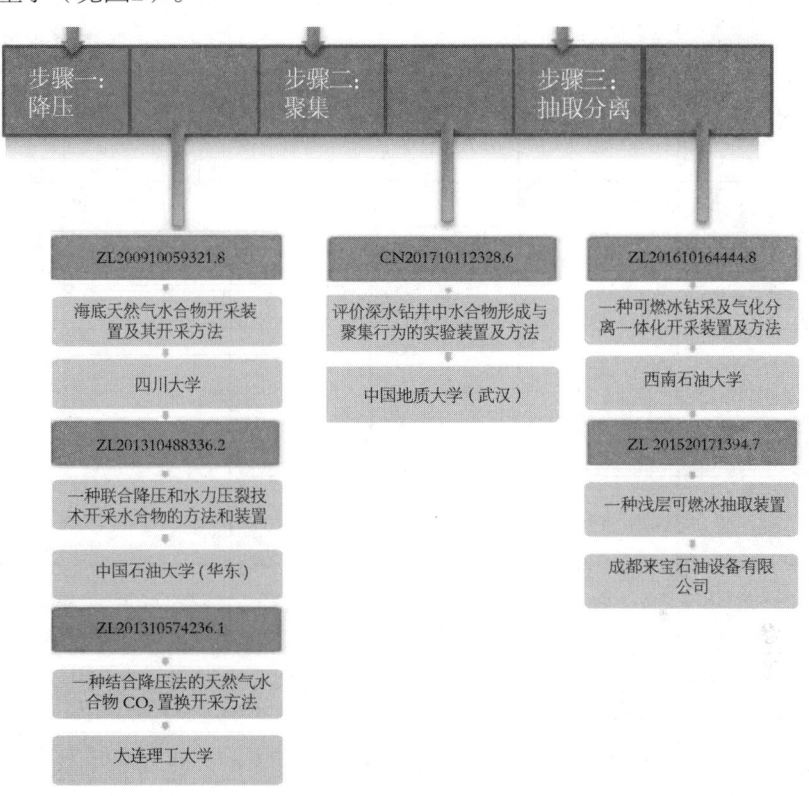

```
步骤一：降压
  ├─ ZL200910059321.8  海底天然气水合物开采装置及其开采方法  四川大学
  ├─ ZL201310488336.2  一种联合降压和水力压裂技术开采水合物的方法和装置  中国石油大学(华东)
  └─ ZL201310574236.1  一种结合降压法的天然气水合物 CO₂ 置换开采方法  大连理工大学

步骤二：聚集
  └─ CN201710112328.6  评价深水钻井中水合物形成与聚集行为的实验装置及方法  中国地质大学（武汉）

步骤三：抽取分离
  ├─ ZL201610164444.8  一种可燃冰钻采及气化分离一体化开采装置及方法  西南石油大学
  └─ ZL 201520171394.7  一种浅层可燃冰抽取装置  成都来宝石油设备有限公司
```

图2　底层流体抽取法的主要步骤

为了进一步得到我国主要专利申请人的重点研发方向，小赢统计了"可燃冰"主题的专利技术的分支和构成。

通过对我国按申请量排名前十的申请人分析（见表1），我国对可燃冰领域的研究主要集中在高校和科研院所，而且"土层或岩石的钻进"均是各申请人的主要研发热点。可以说，我国可燃冰的试开采成功并非偶然，正是有了这些高校、科研机构，以及广大的科研技术人员的努力与支撑，才取得了这样令人可喜的佳绩。

表1 申请量居前列的申请人

	土层或岩石钻进	测试或分析材料	燃料天然气	化学或物理方法	采矿或采石
西南石油大学	76	44	12	7	5
中科院广州能源研究所	36	28	9	5	14
中国石油大学（华东）	45	22	2	1	6
中国海洋石油总公司	20	23	1	3	9
青岛海洋地质研究所	20	33	1	0	1
大连理工大学	22	29	0	4	1
大庆东油睿佳石油科技有限公司	39	3	0	0	0
吉林大学	32	11	2	0	0
中国石油天然气股份有限公司	14	10	2	0	2
中海石油研究中心	10	14	1	3	6

当然，将上述专利技术、科研成果应用于实践，集众多高精尖设备于一身的国之重器"蓝鲸1号"钻井平台，是具体实施本次可燃冰试开采最直接的功臣。"蓝鲸1号"是现阶段人类海洋工程领域最高科技平台，是当今世界最大、钻井深度最深的双井架半潜式钻井平台，适用于全球任何深海作业。更重要的是，如此重器，是由我国的中集来福士海洋工程有限公司（简称中集来福士）完全自主设计建造的。

大气、先进的"海上霸主"是我们造的，说出来就感觉提气。所以，我们还要更全面地了解它。"蓝鲸一号"平台长117m，宽92.7m，高118m，重42000t，从船底到钻井架顶端有37层楼高；它的甲板面积相当于一个标准足球场大小；建造其大约需花费7亿美元，相当于两架空客A380的价格；它的最大作业水深3658m，最大钻井深度为15240m（见图3）。

看了上面的数据，你一定可以想象"蓝鲸1号"的雄伟，但你也许却无法感受它的"细腻"。因为从上面的数据你无法知道，"蓝鲸1号"搭载了三套世界领先的系统,它们分别是双钻井系统、定位系统以及防沙技术。

通常的钻井平台只搭载一套钻井系统,而"蓝鲸一号"拥有中国独创的双钻井系统(见图4)。而且该双钻井并非一备一用,而是同时工作,一边打井一边接管,钻井效率至少提高30%。

图3 蓝鲸一号[①]　　　图4 双钻井系统[②]

关于双钻井平台技术,相关专利有:中国国际海运集装箱(集团)股份有限公司的一种钻井架安装方法(CN201610802143.3)、中国石油集团海洋工程有限公司的一种利用双钻机钻井系统进行钻井作业的方法(ZL200910131606.8)、中国石油集团海洋工程有限公司的一种双钻机钻井系统(ZL200920148158.8)。可以看出,针对双钻井系统,中国国际海运集装箱(集团)股份有限公司和中集来福士共同申请了关于钻井架安装方法的专利。而"蓝鲸一号"正是由中集来福士自主设计建造的。

钻井平台中装载了全球领先的定位系统。茫茫大海上,这一定位系统犹如定海神针,通过精确的电脑计算,感应水流、风速、浪潮,精准调整8个螺旋桨的运行速度和方向;狂风巨浪下,平台在海上的漂浮距离也能固定在数米之内,保证钻杆稳定作业。在南海可燃冰开采作业中,首次出海就经受住了12级强台风的考验。

在定位系统中也有相关的专利作为支撑,如上海中远船务工程有限公司的DP3超深水钻井设备配电系统(ZL201510020991.4)。正是因为有了这套定位系统,才使得巨大的"蓝鲸一号"任巨浪狂风,仍能岿然不动。

有了双钻井系统和定位系统还不够,我们都知道,全球90%以上的可燃冰混合在海底泥沙中,不少国家在试采时因海底泥沙堵塞钻井通道而被迫停止。"蓝鲸一号"采用"地层流体抽取""天然气水合物二次生成预防"等一系列新技术,实现了海底水、沙、气的有效分离,让"黑黝黝"的可燃冰变得"白净"

对于防沙技术,小赢也检索到部分专利申请,都为我国可燃冰开采提供了一定的研究基础。相关技术的专利有:大连理工大学的一种海洋天然气水合物开采

---

① 图片来源:http://www.sohu.com/a/316708061_120008090。

② 图片来源:http://k.sina.com.cn/article_6357519188_17af00b54027004a3f.html。

井除砂的装置和方法（ZL201410186558.3）、中国海洋石油总公司的一种新型筛管（ZL201020257738.3）。

结语

"蓝鲸1号"钻井平台从成功研发、建造到投入使用，让我国的化石类资源勘探和开采技术又取得了重大的突破，在广袤的深海奏响了一曲属于中国的"冰与火之歌"。

本文作者：
国家知识产权局专利局
专利审查协作北京中心材料部
温媚

30　百年航母梦圆

> **小赢说：**
> 2018年5月28日，我国的两艘航母"同框"，意味着中国距离双航母时代已越来越近！让我们从航母供电系统一个技术节点上的改进，来感受中国技术实力的进步。

2018年5月，我国的001型和002型航母实现首次会师，意味着中国距离双航母时代已越来越近（见图1）。

002型航母是001型航母的升级版，其性能超过001型航母，可称得上名副其实的中国国产航母（见图2）。002型航母取消了甲板下的"花岗岩"反舰导弹发射装置，使得002型航母的机库面积大大增加，舰岛相对001型航母缩小并装上了S波段雷达，并且002型航母歼15舰载机搭载数量可达36架，相比于001型航母提升了50%。

图1　双航母实现会师[①]　　　　图2　002型航母[②]

众所周知，航母以舰载机为主要作战武器，因此，航母舰载机能否实现快速有序起飞，是衡量航母战斗力的一个关键指标。接下来，我们一起看看世界上现役航母的体积和舰载机数量比较（见图3）。美国航母吨位和体型较大，它的载机数量基本上是其他国家航母的近两倍。其次是英国航母，载机数量可达50架。中国、法国、巴西、俄罗斯航母的载机数量基本在40架左右。

---

① 图片来源：http://www.cnhangmu.com/china/2472.html。
② 图片来源：http://www.cnhangmu.com/hangmu/1/2310.html。

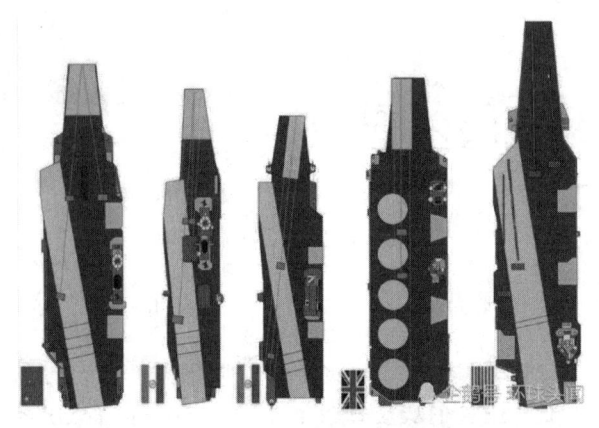

图3 世界各国航母体积和舰载机数量对比①

航母再大，相比飞机场的跑道还是短。所以，为了使得舰载机在航母上顺利起飞，各国主要采用三种起飞技术：滑跃起飞、蒸汽弹射和电磁弹射（见表1）。

表1 各国主要的舰载机起飞技术

国家	动力	舰载机起飞方式
中国现役航母	常规	滑跃起飞
俄罗斯现役航母	常规	滑跃起飞
美国"尼米兹"级航母	核动力	蒸汽弹射
美国"福特"号航母	核动力	电磁弹射
法国"戴高乐"号航母	核动力	蒸汽弹射

目前，我国的两艘航母采用的都是滑跃起飞的方式，由于没有助推，所需的甲板更长，而且还要有翘角，对航母甲板的制造工艺提出了更高的要求。蒸汽弹射作为许多航母的弹射方式，需要安装一个大体积的锅炉，占用了大量的空间和淡水。目前最先进的起飞方式莫过于电磁弹射了，能够快速实现舰载机的起飞（见图4）。但是，由于需要庞大的电力供应，一般只能应用在核动力航母上（见表2）。

表2 舰载机起飞方式比较

蒸汽弹射		滑跃起飞		电磁弹射	
特点	技术要求	特点	技术要求	特点	技术要求
体积庞大消耗大量淡水	高温高压材料，承受高温高压蒸汽的冲击	需战斗机发动机具有很强的推动力	甲板长度翘角	高效、精准缩短战机的弹射时间	需要庞大的电力供应和能源储存

---

① 图片来源：https://bbs.tiexue.net/post_13375317_1.html。

适用电磁弹射的航母甲板可以是平的。这样跑道可以更短，或者说相对于滑跃起飞，相同跑道长度能容纳更多的飞机。

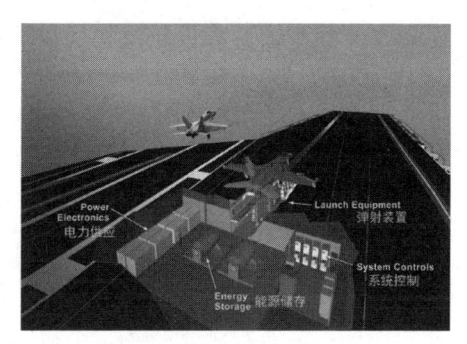

基于种种考虑，我国的航母采用的都是常规动力，那么关键问题来了：在常规动力航母上如何攻克电磁弹射的难关，进一步调高我军航母的战斗力呢！

图4 电磁弹射器功能和结构[①]

实际上，针对这一难题，早在十几年前我国的科研人员便已经开始思考破解了。根据相关报道，中国人民解放军海军工程大学的团队于2003年在世界上首先提出中压直流综合电力系统（目前美国航母用的是中压交流），开展了舰船综合电力技术基础研究与关键技术攻关，为电磁弹射器技术与常规动力航母的结合打下了坚实的基础。

有报道称，中压直流综合电力系统将传统船舶相互独立的机械推进系统和电力系统以电能的形式合二为一，通过电力网络为船舶推进、通信导航和日用设备等提供电能。这种新型电力系统提高了系统的效率和供电连续性，能够存储并释放巨大的瞬间能量，从而让常规动力航母具备电磁弹射的能力。

由于中压直流电力系统所具备的优点，美国也在进行技术攻关。但通过专利的分析，在这方面我国无论是在提出路线还是实际应用，都已经领先（见图5）。例如，中国人民解放军海军工程大学关于中压直流区域配电系统的专利申请（ZL201310409734.0）为2013年，而美国最早的中压直流电力分配系统的专利申请（US2015/0326022A1）为2015年。

当然，由于航空母舰的许多技术涉密，小赢只检索到有关中压直流综合电力系统的部分外围专利，主要集中在中压直流区域配电系统、网络保护控制装置等配

图5 中压直流综合电力系统中美发展情况对比

---

① 图片来源：http://www.sohu.com/a/197620110_477998。

· 175 ·

套设备的相关研究。但从这些配套设备的研究现状看，我国的中压直流电力系统研究水平已经领先于美国了。

有报道称，我国第三艘航空母舰已经在建，拥有八万吨级的排水量，采用常规动力、电磁弹射器，可搭载40架以上的歼15舰载机，能为我国未来发展的核动力航母提供大部分技术试验支持。

航空母舰被称为"海上霸主"，我国已经储备了大量的航母相关技术，全然已为我国未来拥有强大的航母群做好了准备。中国人的百年航母梦已圆，但前路仍然多艰，寄希望于我国了不起的科研人员，让中国的航母科技早日攀上世界之巅。

本文作者：
国家知识产权局专利局
专利审查协作北京中心材料部
刘静